MW00772593

CONOCIENDO EL QUE TE GUIA

100 DÍAS DE COMUNICACIÓN DEL ESPÍRITU SANTO

CONOCIENDO EL QUE TE GUIA

100 DÍAS DE COMUNICACIÓN DEL ESPÍRITU SANTO

ENSEÑANZAS DIARIAS DE DISCIPULADO

STEPHEN E. CANUP

Publicado por:
Libertad en los ministerios de la prisión de Jesús
www.fijm.org | info@fijm.org

Agradecimientos

Todo el mundo necesita un mentor espiritual maduro y un socio responsable de confianza. Amo y aprecio a Don Castleberry por cumplir este papel para mí. Su confianza, tiempo y compromiso conmigo han sido invaluables. Se ha convertido en uno de mis mejores amigos.

El reverendo Don Castleberry es el fundador de Freedom in Jesus Prison Ministries. Obtenga más información sobre este ministerio carcelario ungido en wwwfijmorg; o escriba a Freedom in Jesus Prison Ministries, PO Box 939, Levelland, TX 79336. Puede enviarnos un correo electrónico a *info@fijm.org*

Un agradecimiento especial a Kevin Williamson por la asistencia en la creación, el diseño y el diseño de la portada. Para consultas sobre él, comuníquese con Kevin en *kevin@kevinwilliamsondesign.com*

También se expresa agradecimiento por los servicios de impresión y envío a través de Perfection Presos. Para obtener información, póngase en contacto con Robert Riggs, *rriggs@printedtoperfection.com*

Tabla de contenido

Tabla de 100 títulos diarios

Introducción

¿Cuántas veces has escuchado algo como: "El cristianismo no se trata de religión, se trata de relaciones"? Muchas, estoy seguro. ¿Pero, qué significa esto realmente? ¿Cómo se ve el día a día? ¿Cómo mejoro mi relación con Dios?

Después de todo, a veces parece que Dios está muy lejos en algún lugar del Cielo, en alguna otra dimensión, en algún lugar lejano, en un reino espiritual. Mucha gente podría decir o pensar: "Estoy atrapado aquí en este reino físico, y la mayor parte del tiempo me parece que Dios guarda silencio sobre mis circunstancias. Aparentemente, Él no está prácticamente involucrado en mi vida diaria. ¿Cómo puedo crecer en relación con alguien así? "

Esas son preocupaciones válidas; y la mayoría de nosotros los hemos tenido en un momento u otro. Quizás, muchos de los que leen esto los tengan incluso ahora.

El secreto de la Relación íntima de Pablo con Dios

Aparentemente, Pablo sintió que necesitaba recordarles a los creyentes en Corinto cómo superar preocupaciones similares porque les cerró su segunda carta con un resumen muy importante de su secreto de relación íntima con Dios:

"La gracia (favor y bendición espiritual) del Señor Jesucristo y el amor de Dios y la presencia y compañerismo (la comunión y el compartir juntos y la participación) en el Espíritu Santo estén con todos ustedes. Amén (que así sea)." *2 Corintios 13:14, AMPCE*

Analicemos esto. Primero, note aquí que Pablo se refiere a las tres Personas de la Deidad o Trinidad. En segundo lugar, enumera uno o más beneficios disponibles para cada Persona:

- Señor Jesucristo-gracia (favor y bendición espiritual).
- Padre Dios–amor.
- Espíritu Santo-presencia y comunión; es decir, comunión, compartir juntos y participación.

En tercer lugar, expone significativamente lo que quiere decir con respecto a lo que está disponible del Espíritu Santo. Finalmente, pretende todos estos beneficios para todos los verdaderos creyentes. Intentar tener una "relación" con **"DIOS"** parece casi imposible a primera vista. Sin embargo, cuando uno considera a cada Persona de la Deidad individualmente, como Pablo hizo en este pasaje, es más fácil imaginar cómo nos relacionaríamos de manera diferente con cada Persona.

Ser "Relacional" con Cada una de las
Tres Personas de Dios

Dios es Padre; Dios es Hijo; Dios es Espíritu Santo. Jesús vino para presentarnos a nuestro Padre Celestial y restaurarnos a una relación con él similar a la que experimentaron Adán y Eva en el jardín. Jesús dijo que Él es el Camino al Padre. Si hay un "camino," debe haber un "destino." **La intimidad de la relación con el Padre es nuestro destino-nuestro privilegio, nuestra culminación, nuestra meta.** Dios es Espíritu. Debemos relacionarnos con Él como Padre a través de Su Espíritu. Jesús lo hizo posible.

La Palabra dice que somos "coherederos" con Cristo, por lo que, en términos relacionales, podríamos ver a Jesús como nuestro único hermano mayor. Él es nuestro ejemplo, nuestro héroe y nuestro protector. Como hijos y hijas renacidos de Dios, disfrutamos de los beneficios y privilegios de "ser hijo" gracias a Jesús. Murió por nosotros para que pudiéramos ser restaurados a Dios el Padre. Qué gran amor sacrificado nos mostró en Su muerte. Resucitado y ascendido, ahora comparte su herencia con nosotros. Estas son algunas de las razones por las que podemos "relacionarnos" con nuestro hermano mayor, Dios el Hijo, Jesús.

La gente de la época de Jesús no tenía un concepto real o comprensión de Dios como "Padre" hasta que el Hijo vino a presentarlo como Padre. Dijo que cuando los discípulos lo estaban viendo, estaban viendo al Padre. Dijo que él y el Padre eran uno. El solo hizo lo que vio hacer al Padre; Solo dijo lo que escuchó decir el Padre. Claramente, Jesús siempre señaló a otros al Padre. Dijo que todo lo que hizo era posible porque tenía el Espíritu del Padre. Jesús se relacionó con el Padre por Su Espíritu. Entonces, para nosotros, otra manera en que podemos ser "relacionales" con Dios es relacionarnos con Él como el Padre Perfecto. Cuando Jesús les explicó a sus discípulos que se iba, se aseguró de que supieran que pronto tendrían otro como él. No estarían solos como huérfanos. Él y el Padre enviarían un Ayudante, Consolador, Amigo, Guía, Maestro y Consejero. Alguien que los acompañaría, caminaría con ellos, los guiaría y nunca los dejaría ni los abandonaría. Esta Persona es el Espíritu Santo. Deberíamos querer aprender cómo ser más "relacionales" con Dios el Espíritu Santo debido a Su funciones muy importantes en nuestras vidas como creyentes.

¿Cómo me relaciono personalmente con cada una de las tres Personas de Dios? ¿Podría reducirlo a unas pocas palabras? Para mi, **confío** en el Padre, **amo** a Jesús y **necesito** el Espíritu Santo. El Padre tiene el control; Jesús murió por mí; y el Espíritu Santo es Aquel que está presente conmigo todo el día, todos los días.

Algunos creyentes piensan en "Dios" solo como un concepto elevado e impersonal que ignora la interdependencia de las tres Personas distintas que Él reveló en Su Palabra. Otros creyentes enfocan la mayor parte de su devoción y atención principalmente en Jesús, muy agradecidos por su salvación a través de Su sacrificio, pero sin enfocarse en el hecho de que Jesús vino para señalarles al Padre y dejarles un Ayudador, el Espíritu Santo.

La Importancia Crítica de la Persona de Dios el Espíritu Santo

Hermanos y hermanas en Cristo, tenemos el Espíritu del Padre, el Espíritu del Hijo, el Espíritu Santo viviendo en nosotros y caminando con nosotros en este viaje. Él es nuestro Guía para nuestro destino de relación con el Padre. Él es nuestro Consolador cuando nos encontramos con problemas. Él es nuestro Maestro para mostrarnos cómo caminar en la vida cristiana. Él es nuestro Consejero, Ayudante y Amigo. Él es el mismo Poder manifiesto de Dios en esta Tierra. ¡¡¡Qué magnífico y precioso regalo es Él del Padre y del Hijo !!!

Es solo por y a través de nuestra relación con el Espíritu Santo — debido a la obra terminada y la intercesión de Jesús — que podemos lograr la intimidad de la relación personal con Dios el Padre.

En estas enseñanzas diarias, permítame compartir con usted algo de lo que he aprendido hasta ahora sobre el Espíritu Santo, tal como se revela en las Escrituras. Cuando digo, "hasta ahora," me llena de alegría contar que podemos aprender acerca de Él, y de Él, por toda la eternidad.

Como con cualquier persona, debemos aprender a "comunicarnos" para desarrollar una relación. La comunicación implica conocer los detalles unos de otros, escuchar cuando nos hablan y responder a sus preguntas, sugerencias y orientación. Una relación personal requiere tiempo de calidad para pasar juntos y el deseo de estar en presencia del otro. La intimidad de la relación crece con el tiempo, la confianza, el compañerismo y la comunicación. Debemos emplear todos estos medios mientras buscamos la comunión y el compañerismo con Dios el Espíritu Santo.

¿Qué podemos esperar a medida que crecemos en una relación atenta, obediente y amorosa con Dios?

"Así dice el Señor, tu Redentor, el Santo de Israel: Yo soy el Señor tu Dios, que te enseño para provecho,

Quién te guía por el camino que debes seguir.

18 ¡Oh, si hubieras escuchado mis mandamientos! Entonces tu paz y prosperidad habrían sido como un río que fluye, y tu justicia [la santidad y pureza de la nación] como las [abundantes] olas del mar. 19 Tu descendencia habría sido como la arena, y tu descendencia como la descendencia del mar; su nombre no sería cortado ni destruido de delante de mí."

Isaías 48:17-19, AMPCE

Jesús vino a darnos "vida abundante" ahora, en este reino terrenal del tiempo, y extendiéndose en el reino espiritual por toda la eternidad. Todo lo que Dios tiene para nosotros está disponible en y a través del Espíritu Santo.

Si se deja a nuestro conocimiento y nuestros propios sentidos, este puede ser un viaje difícil con muchos en el Cuerpo de Cristo simplemente "tratando de aferrarse" hasta llegar al Cielo. Nunca fuimos destinados a hacer la vida por nuestra cuenta. No estamos destinados a enfrentar pruebas, tentaciones y decepciones por nosotros mismos. Tal vez eventualmente podamos hacerlo por nuestra cuenta, pero es mucho más fácil, beneficioso y próspero con nuestro Ayudador, Maestro, Consejero, Amigo y Guía: el Espíritu Santo. Él es verdaderamente "el cambio de juego" para el exitoso camino cristiano.

Únase a mí, mientras buscamos Su presencia, y disfrutamos de Su comunión (nuestra comunión, compartir juntos y participar) con el Espíritu Santo de Dios durante los próximos 100 días.

¡Vamos a conocerlo mejor!

Transformación

EL "ANCIANO"
Seis meses antes de la cárcel (2007)
Stephen Canup

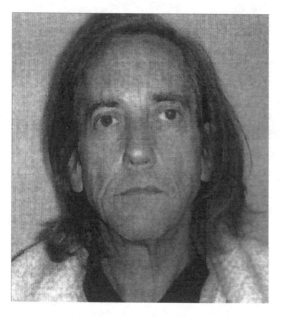

Culpable y condenado a muerte por el pecado
Romanos 6:23 "Porque la paga del pecado es muerte...

Culpable de estos pecados contra Dios, los demás y contra uno mismo:

Adicciones a las drogas, el alcohol, el sexo, la pornografía, el elogio de los hombres, el trabajo

Orgullo	juicio	robo
Preocuparse	odio a uno mismo	adulterio
Miedo	Resentimiento	Identidad sexual
Depresión	Arrepentimiento	Confusión
Desesperanza	ira	mentira
Ansiedad	Codicia	Presunción
Blasfemia	Depravación	Intelectualismo
Fornicación	Reprobación	Humanismo
Deseos lujuriososs	Sin perdón	Vergüenza
Perversión	Inmoralidad	Remordimiento
La idolatría	Auto-abuso	Culpabilidad
Egoísmo	Amargura	Ofensa

La vida pecadora y maldita que estaba viviendo antes de la prisión resultó en que yo fuera:

- Personas sin hogar, viviendo en las calles de Nashville, TN, durante 3 años antes de la prisión.
- Desempleado durante 7 años antes del encarcelamiento.
- Quebró después de haberse declarado en quiebra dos veces.
- Indigente con todas mis posesiones terrenales contenidas en 1 bolsa de ropa colgante en la habitación de propiedad de la prisión esperando el día de mi liberación.
- Desolado por haber abandonado a toda mi familia y amigos, dejándome solo y completamente abandonado.
- Deprimido tan profundamente por estas condiciones de vida que había intentado suicidarme varias veces.
- Desesperado y absolutamente convencido de que nada cambiaría o mejoraría de ninguna manera.

EL "HOMBRE NUEVO"
Un año después de la prisión (2012)
Stephen Canup

...mas la dádiva de Dios es vida eterna en Cristo Jesús
Señor nuestro". Romanos 6:23

"Con Cristo estoy juntamente crucificado, y vivo, no ya yo, mas vive Cristo en mí: y lo que ahora vivo en la carne, lo vivo en la fe del Hijo de Dios, el cual me amó, y se entregó á sí mismo por mí." (Gálatas 2:20)

¡ "De modo que si alguno está en Cristo, nueva criatura es; las cosas viejas pasaron; he aquí todas son hechas nuevas."! (2 Corintios 5:17AMP)

¡"Así que, si el Hijo los hace libres,
ustedes serán realmente libres."!
(Juan 8:36)

La nueva vida en Cristo que comenzó en la cárcel en 2009 ha traído muchas bendiciones. A partir de 2020, algunas de estas abundantes realidades de la vida incluyen:

- ¡¡¡Mi renacimiento espiritual el 20 de abril de 2009 !!!
- Relaciones restauradas con cada miembro de la familia.
- Un mentor y socio responsable, Don Castleberry, que dice la verdad con amor.
- Aceptación en lugar de rechazo.
- Alegría y esperanza en lugar de depresión y desesperanza.
- Propósito y pasión para ayudar a liberar a otros.

- Paz, audacia y confianza en lugar de ansiedad y miedo.
- La justicia de Cristo Jesús en lugar de la perversión y la depravación.
- Amor y compasión por los demás en lugar de egoísmo y odio a uno mismo.
- Libertad de adicciones al alcohol, las drogas, la pornografía, el tabaquismo y los juegos de azar.
- Una lengua de bendiciones y respeto en lugar de orgullo, crítica y blasfemia.
- Un corazón nuevo y tierno en lugar del viejo corazón de piedra.
- Rehecho para ser un dador alegre de diezmos y ofrendas.
- Una hermosa casa de tres habitaciones y dos baños que se ofrece sin pagar alquiler, excepto por los servicios públicos.
- Se me entregaron dos vehículos de último modelo en perfecto estado y con poco kilometraje.
- Una casa llena de buenos muebles y un armario lleno de buena ropa.
- Libre de deudas, también con algo de dinero ahorros.

- Una mente renovada libre de todos los efectos negativos de las adicciones y la depresión.
- Buena salud.
- Cristianos maduros a los que puedo pedir oración o consejo en cualquier momento sobre cualquier cosa.
- Licenciado y ordenado en 2012 como ministro del Evangelio de Jesucristo.
- Presidente y miembro de la Junta, Ministerios Prisión Freedom in Jesus.
- Autor de *Religión en la cárcel: de Park Avenue ... a Park Bench ... a prisión* (250.000 copias impresas a partir de 2020).
- Autor de *Diving Deeper: A Daily Leap into a Life More Abundant* (25.000 copias impresas a partir de 2020).
- Autor de *Conociendo El Que Te Guía: 100 días de comunión con el Espíritu Santo* (primera impresión en 2020).

100 días de Comunión con El Espíritu Santo

Rendirse

Isaías 64:8

"A pesar de todo, Señor, tú eres nuestro Padre;
nosotros somos el barro, y tú el alfarero.
Todos somos obra de tu mano."

Antes de ser salvo en la cárcel, quería cambiar mi vida, pero era impotente para hacerlo. Aprendí que no podía cambiarme. Si pudiera haberme cambiado, lo habría hecho mucho antes de convertirme en adicto, deprimido, suicida, sin hogar, solo, perdido y, finalmente, encarcelado. ¿Es esto también cierto para ti? ¿Has intentado cambiarte a ti mismo?

Traté de cambiarme a mí mismo un sinfín de veces, pero fallé en todas las ocasiones. ¡Así que fue una gran noticia para mí que Dios no esperara que me cambiara a mí mismo! En realidad. Él solo quería que permitiera que Su Espíritu Santo me poseyera, que estuviera dispuesto a permitir que Él me guiara por el camino correcto todos los días y que hiciera todo lo posible para ser obediente instantáneamente a Sus indicaciones.

Cuando nos entregamos voluntariamente a Dios, el Espíritu Santo en nosotros, y nos sometemos diariamente a ser guiados por Su Espíritu en lugar de ser guiados por nuestra "carne," ¡Él comenzará Su obra de santificación en nosotros! En otras palabras, cuando nos rendimos. al Espíritu y someterse a Su liderazgo momento a momento, Él nos cambiará. No somos responsables de cambiarnos a nosotros mismos.

Deja que te cambie. Deja de intentar cambiarte a ti mismo.

HABLEMOS CON DIOS

Dios Padre, gracias por salvarme. Me entrego a Jesús. Tú eres el Alfarero; Quiero ser arcilla moldeable en Tus Manos. Por Su Santo Espíritu, conviérteme en un vaso que te honre. Quiero ser guiado por Tu Espíritu hoy. Gracias Señor. En el precioso Nombre de Jesús oro, Amén.

ESCUCHA AL ESPÍRITU

Estudie Isaías 64.

Libertad en el Espíritu

2 Corintios 3:17

*"hora bien, el Señor es el Espíritu; y, donde está
el Espíritu del Señor, allí hay libertad."*

Yo a decidido en 2009 a seguir radicalmente a Jesús, y hacer todo lo posible por obedecer Sus enseñanzas. Ciertamente, estaba creciendo en el conocimiento de Él como "la Verdad" a medida que estudiaba Su Palabra y pasaba tiempo de calidad en Su Presencia todos los días. En consecuencia, durante bastante tiempo, de hecho me había dado cuenta dentro de mí de una libertad que nunca antes había experimentado, acompañada de alegría real y paz verdadera por Su Espíritu Santo.

El Espíritu me impulsó a hacer una lista de opresiones, fortalezas y adicciones a las que una vez estuve esclavizado, pero de las que ahora he sido liberado. La lista que vio anteriormente en este libro fue el resultado. Créame, como Pablo, yo era "el primero de los pecadores" —es una lista muy larga— y agrego a ella según lo revela el Espíritu. ¿Por qué he elegido ser tan vergonzosamente directo y transparente contigo? Porque quiero que sepas que si Dios puede cambiarme tan milagrosamente por dentro y por fuera, ¡puede cambiar a cualquiera!

¿Quieres terminar para siempre con ser esclavo de viejas fortalezas y adicciones?

Busque más de Dios el Espíritu Santo. Déjese guiar por el Espíritu. Ore en el Espíritu. Camine en el Espíritu.

HABLEMOS CON DIOS

Padre celestial, gracias porque Jesús pagó el precio por mi libertad. Quiero estar libre de opresiones, fortalezas y adicciones de todo tipo. Lléname todos los días de Tu Santo Espíritu. Quiero ser guiado por Él hoy. Quiero caminar en libertad contigo. Gracias Señor. En el magnífico Nombre de Jesús oro, Amén.

ESCUCHA AL ESPÍRITU

Estudie y compare 2 Corintios 3:17;
1 Pedro 2:16; Romanos 6:7,11,18; Romanos 8:1-4;
Gálatas 5:13; y Isaías 61:1.

Recibe el Espíritu Santo

Hechos 8:15-16

"Estos, al llegar, oraron por ellos para que recibieran el Espíritu Santo, 16porque el Espíritu aún no había descendido sobre ninguno de ellos; solamente habían sido bautizados en el nombre del Señor Jesús."

Creemos firmemente que el nivel adicional de empoderamiento que se obtiene al ser bautizado (sumergido) en el Espíritu Santo hace toda la diferencia en capacitarnos y capacitarnos para caminar por nuestra fe de manera efectiva y generosa, dondequiera que estemos, en todo momento.

Cuando aceptamos la obra terminada de Jesús en la Cruz y confesamos Su resurrección como el Hijo de Dios, el Espíritu Santo viene a vivir en nosotros. Nosotros "poseemos" el Espíritu, y Él comienza Su obra continua de santificación para hacer constantemente que nuestro "nuevo hombre" se conforme a la imagen de Cristo.

Sin embargo, el verdadero empoderamiento, el propio poder de Dios, llega a nosotros, y para nosotros, cuando nos sometemos totalmente al Espíritu Santo y permitimos que Él nos "posea," un paso gigante más que simplemente "poseerlo" dentro de nosotros. ¡En realidad podemos permitirle que nos "posea"!

Somos Su templo. ¿No deberíamos darle voluntariamente el control total de Su hogar? El Espíritu Santo de Dios es un Señor. Él no se impondrá sobre nosotros, pero responde a nuestra invitación.

No se detenga en el bautismo en agua. Da el siguiente paso. Sea bautizado en el Espíritu Santo.

HABLEMOS CON DIOS

Padre amoroso, gracias a ti y a tu Hijo Jesús por vivir en mí por tu Espíritu Santo. Nací de nuevo por el Espíritu, así que te poseo. Señor Jesús, bautízame ahora con tu Espíritu Santo. Quiero que me poseas todos los días. Gracias Señor. En el precioso Nombre de Jesús oro, Amén.

ESCUCHA AL ESPÍRITU

Estudie Hechos 8.

Dos Bautismos

Hechos 19:4-6

"El bautismo de Juan no era más que un bautismo de arrepentimiento. Él le decía al pueblo que creyera en el que venía después de él, es decir, en Jesús." ⁵"Al oír esto, fueron bautizados en el nombre del Señor Jesús. ⁶Cuando Pablo les impuso las manos, el Espíritu Santo vino sobre ellos, y empezaron a hablar en lenguas y a profetizar."

Somos bautizados (sumergidos) en agua como una representación externa del cambio interno en nosotros.

Somos sepultados con Cristo en el bautismo (nuestro "anciano" murió); y, somos levantados para caminar en novedad de vida (nuestro "nuevo hombre" cobró vida).

Pero el Libro de los Hechos deja en claro que también debemos desear ser bautizados (sumergidos) en el Espíritu Santo para recibir el mismo poder que resucitó a Jesús de entre los muertos: el poder de caminar por esta nueva vida de la manera que Él desea para nosotros. ¡Él en nosotros y nosotros en Él!

Conocemos el versículo que dice: "Porque el que esta en ustedes es mas poderoso que el que está en el mundo" (I Juan 4:4). Entonces, el Espíritu Santo está en nosotros. Lo poseemos. Pero otro versículo que conocemos es "Todo lo puedo aser en Cristo que me fortalece" (Fil. 4:13). Ese verso también se traduce como, "Puedo hacer todas las cosas a través de Aquel que me fortalece en mi interior." ¡Es el Espíritu Santo el que nos da poder en nuestro interior para que podamos hacer todo lo que el Padre desea que hagamos y nos asigna que hagamos!

Pero debemos dejar que Él nos dé el poder. Debemos dejar que Él nos posea.

HABLEMOS CON DIOS

Padre Dios, quiero servirte y seguirte con todo mi corazón. Pero sé en mí mismo que soy débil. Señor Jesús, te pido que me llenes con Tu Poder interior y me bautices con Tu Espíritu Santo. Te doy todo de mí por todo de usted. Me rindo. Gracias Señor. En el poderoso Nombre de Jesús oro, Amén.

ESCUCHA AL ESPÍRITU
Estudie Hechos 19.

DIA 5

Recibirás Poder

Hechos 1:8

*"Pero, cuando venga el Espíritu Santo sobre
ustedes, recibirán poder y serán mis testigos
tanto en Jerusalén como en toda Judea y
Samaria, y hasta los confines de la tierra."*

Cuando Jesús terminó Su obra en la tierra y regresó al
Padre, el Padre envió el Espíritu Santo a la tierra por
cada uno de nosotros. Los seguidores de Jesús en ese
momento se les instruyó que esperaran hasta que fueran
investidos con el poder de lo Alto antes de comenzar a
llevar a cabo el ministerio de Jesús.

Deberíamos hacer lo mismo; es decir, debemos buscar el poder del Espíritu Santo antes de movernos entre
la gente en el nombre de Jesús. Necesitamos el poder del
Espíritu Santo. Usando solo nuestra propia fuerza, nos
quemaremos rápidamente, no seremos efectivos e incluso podemos dañar Su Reino.

Sobre todo, debemos recordar que el Espíritu Santo
es una persona, tiene una personalidad y puede ser con-
tristado. Su propósito al venir fue enseñar, dirigir, guiar,

corregir, proteger y consolar: el ayudante que caminaría a nuestro lado y moraría dentro de nosotros.

Sin embargo, debemos rendirnos a Él y permitirle que haga Su obra en nosotros. Si lo rechazamos, lo resistimos o lo entristecemos, restringiremos la obra que el Padre quiere que Él haga en nuestras vidas. Él es un regalo del Padre, ¡y lo necesitamos!

HABLEMOS CON DIOS

Padre misericordioso, sé que tienes un plan único para mí, y quiero que lo cumplas a través de mí con tu Poder, Tu Espíritu Santo. Te entrego mi vida y voluntariamente me someto a tu plan y propósito para mi vida. Espíritu Santo, por favor dame poder para tu servicio hoy. Gracias Señor. En el glorioso Nombre de Jesús oro, Amén.

ESCUCHA AL ESPÍRITU

Estudie Hechos 1:1-11; Lucas 24:36-49; Marcos 16:15-20.

Necesitamos el Espíritu Santo

Hechos 9:17

"Ananías se fue y, cuando llegó a la casa, le impuso las manos a Saulo y le dijo: Hermano Saulo, el Señor Jesús, que se te apareció en el camino, me ha enviado para que recobres la vista y seas lleno del Espíritu Santo."

¡No solo "Saulo" recibió poder con el bautismo del Espíritu Santo, sino que también cambió su nombre a "Pablo"!

Pablo dependía del poder del Espíritu Santo para su vida y ministerio. Ver, por ejemplo, Romanos 15:17-19; 2 Corintios 12:9; Efesios 3:16-21; y Colosenses 1:29. De hecho, Pablo advirtió a Timoteo que se mantuviera alejado de las personas religiosas en los últimos días que niegan el poder de Dios, el Espíritu Santo (ver 2 Timoteo 3:1-7).

¡Jesús también necesitaba el poder del Espíritu Santo! Ver Mateo 3:16-17; Mateo 4:1; Lucas 4:1; Lucas 4:14; Lucas 4:18-19; y Hechos 10:38.

Si Jesús, Pablo y los otros apóstoles necesitaban el Espíritu Santo, seguramente nosotros también debemos tener todo de Dios, el Espíritu Santo que Él nos dará! ÉL es el "cambiador de juego" para nuestro camino en la vida cristiana.

Le insto a que aprenda todo lo que pueda sobre su Ayudante, Maestro, Consejero, Guía y Amigo.

HABLEMOS CON DIOS

Padre misericordioso, necesito Tu Espíritu Santo. Quiero Tu Espíritu Santo. Ayúdame a aprender más acerca de este maravilloso Consejero, Ayudante, Maestro y Amigo que me has dado para guiarme en mi camino cristiano. Espíritu Santo, soy tu alumno. Gracias Señor. En el precioso Nombre de Jesús oro, Amén.

ESCUCHA AL ESPÍRITU

Estudie Hechos 9:1-31; Hechos 26:12-18; Romanos 15:17-19; 2 Corintios 12:9; Efesios 3:16-21; Colosenses 1:29; 2 Timoteo 3:1-7; Mateo 3:16-17; Mateo 4:1; Lucas 4:1,14, 18-19; y Hechos 10:38.

Recibe el Regalo

Hechos 1:4,5

"Una vez, mientras comía con ellos, les ordenó:
"No se alejen de Jerusalén, sino esperen la
promesa del Padre, de la cual les he hablado:
⁵Juan bautizó con[a] agua, pero dentro de
pocos días ustedes serán bautizados con el
Espíritu Santo."

Damos gracias al Padre por sus dones. Él no solo nos dio a Su Hijo, Jesús, sino que nos dio su Espíritu Santo. Qué maravilloso Padre es.

Cuando lo pienso, me doy cuenta de lo crédulos que somos al creer la mentira del enemigo-la mentira de que el Espíritu Santo no es para hoy, que no lo necesitamos. En todo caso, la verdad es que lo necesitamos aún más porque estamos viviendo en el último de los últimos días cuando las Escrituras nos dicen que muchos serán engañados.

El Espíritu Santo puede ayudarnos a no ser engañados si dejamos que Él nos guíe y reconozcamos que lo "hospedamos" como la misma Presencia de Dios en nosotros. Lo necesitamos. Lo necesitamos en Su plenitud.

¿Le has pedido al Padre que Jesús te bautice con el Espíritu Santo (Lucas 3:16)? Si le pides al Padre, Él te lo dará (Lucas 11:13). ¿Ha permitido que los "ríos de agua viva" fluyan desde su interior (Juan 7:38-39)?

Nuestro Padre desea que caminemos en toda Su plenitud por Su Espíritu Santo.

HABLEMOS CON DIOS

Padre celestial, gracias por el don del Espíritu Santo que tú y Jesús me habéis dado. Recibo Tu regalo. Desde mi corazón declaro que quiero caminar en toda tu plenitud por Tu Espíritu. Gracias Señor. En el Santo Nombre de Jesús oro, Amén.

ESCUCHA AL ESPÍRITU

Estudie Hechos 1:1-11; Hechos 2:1-41; Lucas 3:16; Lucas 11:13; Juan 7:38-39

Sea Santificado por el Espíritu

1 Pedro 1:2

"según la previsión de Dios el Padre, mediante la obra santificadora del Espíritu, para obedecer a Jesucristo y ser redimidos por su sangre: Que abunden en ustedes la gracia y la paz."

Es la obra santificadora del Espíritu que nos permite ser obedientes a Jesucristo (1 Pedro 1:2). Como hijos obedientes, Su Espíritu Santo nos anima y nos da poder para no "conformarnos con los malos deseos que una vez tuvimos cuando vivíamos en la ignorancia. Pero así como el que llamó tú eres santo, así que sé santo en todo lo que haces." (1 Pedro 1:14-15).

En nuestras propias fuerzas esto es imposible, pero todo es posible con Dios el Espíritu Santo haciendo la obra de santificación en nosotros.

La Palabra nos dice que "Su Divino Poder nos ha dado todo lo que necesitamos para la vida y la piedad" (2 Pedro 1:3) y que Él "nos enseña a decir 'No' a la impiedad y las pasiones mundanas, y a vivir con dominio propio, una vida recta y piadosa en este siglo presente "(Tito 2:12).

Debemos recibir todo lo que Él nos ha dado y estar dispuestos decir "No" a las tentaciones mundanas. Él nos ayudará si se lo permitimos.

Cerca del final de este libro he incluido dos oraciones para la sumisión que creo que le serán de utilidad. Su trabajo es cambiarte. Tu trabajo es entregarse voluntariamente, someterse y ser obediente a lo que Él quiere hacer en su proceso para continuar la santificación en usted. Permita que el Espíritu haga Su obra.

HABLEMOS CON DIOS

Reza las Oraciones de Sumisión cerca del final del libro.

ESCUCHA AL ESPÍRITU

Estudie 2 Pedro 1:1-11; 1 Pedro 1:13-25; Tito 2:11-14.

El Espíritu Santo y el Fuego

Mateo 3:11

"Yo los bautizo a ustedes con agua para que se arrepientan. Pero el que viene después de mí es más poderoso que yo, y ni siquiera merezco llevarle las sandalias. Él los bautizará con el Espíritu Santo y con fuego."

Después de que nos arrepentimos y somos salvos, se nos instruye a seguir a nuestro Señor al bautismo con agua. Esta es una manifestación externa del cambio interno que tiene lugar en nuestras vidas. Pablo nos enseña que, simbólicamente, somos sepultados con Cristo en el bautismo y resucitados para caminar en novedad de vida. Ver Romanos 6:4.

Alguien que es salvo tiene el Espíritu de Cristo, el Espíritu Santo, viviendo en su corazón. Podríamos decir que el Espíritu está sumergido en ellos.

Pero, además, Jesús desea bautizarte con el Espíritu Santo. Él está "en ti," pero ¿estás sumergido "en Él"? Este es un bautismo que le da al creyente un gran poder para vivir y testificar de Cristo.

Muchos creen que el "fuego" al que se refiere Juan en el versículo anterior es el efecto purificador y purificador del Espíritu Santo. Bautismo del Espíritu. Nuestras viejas costumbres, como la paja del trigo, necesitan ser quemadas.

Este "fuego" también puede referirse al proceso continuo de santificación que el Espíritu Santo continúa haciendo en la vida del creyente. Como plata refinada en el fuego, nuestras impurezas se eliminan.

¿Estás bautizado en el Espíritu Santo? ¿Está actuando Su fuego en ti?

HABLEMOS CON DIOS

Padre Celestial, enséñame más acerca de tu Espíritu Santo. Sinceramente, deseo más poder para servirte fielmente y testificar de ti de manera eficaz. Espíritu Santo, te doy permiso para eliminar mis impurezas. Santifícame para el servicio a Dios. En el precioso Nombre de Jesús oro, Amén.

ESCUCHA AL ESPÍRITU

Estudie Mateo 3:1-12; Marcos 1:8; Lucas 3:1-17; Juan 1:29-34; Hechos 19:1-7; 1 Pedro 1:1-2; Romanos 6:4.

DÍA 10

Jesús Necesitaba el Espíritu Santo

Mateo 3:16-17

"Tan pronto como Jesús fue bautizado, subió del agua. En ese momento se abrió el cielo, y él vio al Espíritu de Dios bajar como una paloma y posarse sobre él. ¹⁷ Y una voz del cielo decía: Este es mi Hijo amado; estoy muy complacido con él."

¡El corazón amoroso del Padre por el Hijo se revela en Su precioso don del Espíritu Santo! Dios el Padre sabía que Jesús necesitaría todo Su poder para llevar a cabo Su obra en la Tierra.

Como hombre, Jesús necesitaba el Espíritu Santo. Nosotros también. El Padre y el Hijo nos enviaron al Espíritu Santo como nuestro Ayudador. Ver Juan 14:16-17. El Espíritu Santo es nuestro amigo, consejero y guía. El es el Espiritu de la Verdad.

Todo lo que hizo Jesús: su predicación, sus curaciones, su sufrimiento, su victoria sobre el pecado, lo hizo por el poder del Espíritu Santo. Vea Hechos 10:38. Si Jesús no podía hacer nada sin el poder del Espíritu, ¿cuánto más necesitamos el poder del Espíritu en nuestras vidas?

¡El poder todopoderoso del Padre en esta tierra se manifiesta y es administrado por el Espíritu Santo! ¡Qué misterio tan maravilloso que Él quisiera morar en nosotros! Vea 1 Corintios 3:16. Debido a que Su Espíritu vive en nosotros y pertenecemos a Dios, desearemos vivir una vida que agrada a Dios.

HABLEMOS CON DIOS

Padre Dios, te pido que me llenes continuamente de tu Espíritu Santo. Querido Jesús, enséñame cómo rendirme más al liderazgo de tu Espíritu en mi vida diaria. En el bondadoso Nombre de Jesús oro, Amén.

ESCUCHA AL ESPÍRITU

Estudie Mateo 3; Juan 14:16-17; Hechos 10:38; 1 Corintios 3:16; 1 Corintios 6:19-20.

DÍA 11
Jesús Fue Guiado por el Espíritu Santo

Mateo 4:1

*"Luego el Espíritu llevó a Jesús al desierto para
que el diablo lo sometiera a tentación."*

Inmediatamente después del bautismo en agua de
Jesús, y la declaración audible del Padre de Su amor
y placer por Él, el Espíritu Santo, como una paloma,
descendió sobre Jesús y lo condujo al desierto para ser
tentado, probado y juzgado por el diablo.

Después de mi salvación en prisión, miré hacia atrás
en mi vida y me di cuenta de cuántas veces fui tentado,
probado y probado por el diablo en el desierto de mi pasado. Vagué por un desierto de mi propia creación durante la mayor parte de cuarenta años. Casi siempre reprobé
las pruebas. ¿Puedes identificarte con esto?

Jesús, el hombre, pasó todas sus pruebas. No se dejó
engañar por los trucos de tentación del diablo. Creo que
la diferencia más importante para Él fue su obediencia
a la dirección del Espíritu Santo. De manera similar,
¡necesitamos ser guiados por el Espíritu!

Otro factor crítico fue cómo el Espíritu lo impulsó a responder a cada una de las tres tentaciones específicas de las que se nos habla en las Escrituras (estoy seguro de que tenía muchas más que no conocemos específicamente). Su respuesta guiada por el Espíritu fue responder al Diablo con un pasaje muy específico del área de la tentación.

Del mismo modo, deberíamos poner las Escrituras en lo profundo de nuestro corazón todos los días para que el Espíritu Santo pueda ayudarnos a acceder a ellas cada vez que seamos tentados y probados.

HABLEMOS CON DIOS

Dios Padre, necesito y deseo ser guiado diariamente por el Espíritu. Quiero ser instantáneamente obediente a las impresiones del Espíritu. Espíritu Santo, como mi Maestro, ayúdame a aprender escrituras específicas que pueda usar como lo hizo Jesús cuando el enemigo lo tentó. En el poderoso Nombre de Jesús oro, Amén.

ESCUCHA AL ESPÍRITU

Estudie Mateo 4:1-17; Lucas 4:1-14; Hebreos 4:12-13; Proverbios 4:20-23; Isaías 55:10-11.

Jesús Estaba Lleno del Espíritu Santo

Lucas 4:14

"Jesús regresó a Galilea en el poder del Espíritu, y se extendió su fama por toda aquella región."

Después de que el Espíritu Santo ayudó a Jesús a resistir todas las tentaciones del Diablo en el desierto, Jesús regresó a Galilea para comenzar Su ministerio en el poder del Espíritu Santo. La eficacia de su ministerio de principio a fin dependía de la morada del Espíritu Santo.

Vemos en las Escrituras de hoy cómo las noticias sobre Jesús se difundieron rápidamente. Con nuestras propias fuerzas, seremos pobres imitaciones de Cristo en nuestra vida diaria. Sin embargo, la gente verá una diferencia real en nosotros cuando estemos llenos del Espíritu Santo y sigamos Su dirección momento a momento.

Cuando regresé al "mundo libre" después de haber sido salvo y lleno del Espíritu Santo en la cárcel, aquellos que me habían conocido antes no podían creer la diferencia en mí. En realidad, ¡yo tampoco me conocía casi!

Incluso mientras estaba encarcelado, mis compañeros de celda vieron a Dios comenzando su transformación en mí por su Espíritu. Todo en mí estaba cambiando mientras me dedicaba a buscar a Dios con todo mi corazón. Habiendo sido bautizado en el Espíritu, tuve una unción que nunca antes había tenido y tuve más poder para ministrar a los demás.

¿Estás lleno del Espíritu Santo?

HABLEMOS CON DIOS

Dios Padre, te pido que me guíes hoy por tu Espíritu Santo. Tengo la intención de ser sensible a la guía del Espíritu Santo. Quiero obedecer tus impresiones mientras ministras a otros hoy a través de mí. En el amoroso Nombre de Jesús oro, Amén.

ESCUCHA AL ESPÍRITU

Estudie Lucas 4; Mateo 4:12-25.

El Espíritu del Señor Estaba Sobre Jesús

Lucas 4:18-19

"El Espíritu del Señor está sobre mí, por cuanto me ha ungido para anunciar buenas nuevas a los pobres. Me ha enviado a proclamar libertad a los cautivos y dar vista a los ciegos, a poner en libertad a los oprimidos, ¹⁹a pregonar el año del favor del Señor."

Después de regresar del desierto, el primer mensaje público que conocemos fue el que estamos leyendo hoy. ¿No es interesante que seleccionó el pasaje del rollo de Isaías que había sido profetizado de Él 700 años antes? Vea Isaías 61:1-2.

Note la primera frase. Jesús mismo reconoció lo importante que era para Él reconocer la verdadera fuente de Su unción y poder. Él conocía su misión y la declaró públicamente.

¿No te alegras de que el Espíritu del Señor estuviera sobre Él para proclamar la libertad de los prisioneros, la vista de los ciegos y liberar a los oprimidos? La primera vez que leí esto, mi corazón estaba lleno de asombro y rebosante de gratitud. Lee de nuevo el versículo de hoy. ¿Estás agradecido?

Si queremos ser seguidores exitosos de Cristo y hacer el tipo de obras que Él hizo, debemos darnos cuenta de que nuestra misma fuente de poder es su Espíritu Santo. Dios tiene un plan diseñado exclusivamente para cada uno de nosotros. Él no quiere que tratemos de lograrlo con nuestras propias fuerzas, sino en el Espíritu del Señor.

HABLEMOS CON DIOS

Padre Celestial, Tú sabes exactamente dónde estoy hoy y me doy cuenta de que tienes un plan específico para mí. Me doy cuenta de que no tengo el poder dentro de mí, así que te pido que tu unción en la forma de tu Espíritu Santo esté sobre mí como lo fue con Jesús. En el misericordioso Nombre de Jesús oro, Amén.

ESCUCHA AL ESPÍRITU

Estudie Lucas 4:14-44; Isaías 61; Hechos 2:22, 32-33; Hechos 10:37-38.

Jesús Fue Ungido

Hechos 10:38

"Me refiero a Jesús de Nazaret: cómo lo ungió Dios con el Espíritu Santo y con poder, y cómo anduvo haciendo el bien y sanando a todos los que estaban oprimidos por el diablo, porque Dios estaba con él."

En el relato de Lucas, Pedro nos está relatando en este pasaje el secreto del ministerio exitoso de Jesús: ¡Dios el Padre ungió a Su Hijo, Jesús, con el Espíritu Santo y poder! Jesús pudo hacer el bien dondequiera que fuera porque Dios estaba con él. Su poder sanador vino del Espíritu. Los demonios tenían que obedecer porque el Espíritu del Padre estaba siempre con Jesús.

Isaías 10:27 indica que es el poder de la unción que quita las cargas y destruye el yugo lo que nos libera de la influencia del Diablo. La unción del Espíritu Santo sobre nosotros nos permite llevar a cabo el propósito y el plan de Dios para nosotros. El Espíritu nos ayuda a ejercer la autoridad de Jesús sobre todo el poder del enemigo.

¡Con todos los desafíos que se nos presentan diario en el lugar de trabajo, donde hay muchas personas influenciadas por el enemigo, necesitamos toda la ayuda disponible para nosotros! No estás solo cuando sirves a Jesús. ¡Siempre tienes la presencia y el poder de Dios Padre en la forma de su Espíritu Santo!

¿Estás utilizando este poder? Quédense quietos y reconozcan que Él es Dios.

HABLEMOS CON DIOS

Padre celestial, gracias por ungirme con tu Espíritu Santo. Te pido que demuestres Tu poder sobre el enemigo a través de mí hoy mientras me rindo por completo al liderazgo del Espíritu Santo y al señorío de Jesús. En el Nombre ungido de Jesús oro, Amén.

ESCUCHA AL ESPÍRITU

Estudie Hechos 10; Hechos 1:4-5, 8; Lucas 24:45-49; Isaías 10:27.

Un Buen Padre Da los Mejores Regalos

Lucas 11:11-13

"¿Quién de ustedes que sea padre, si su hijo le pide un pescado, le dará en cambio una serpiente? [12] *¿O, si le pide un huevo, le dará un escorpión?* 13*Pues, si ustedes, aun siendo malos, saben dar cosas buenas a sus hijos, ¡cuánto más el Padre celestial dará el Espíritu Santo a quienes se lo pidan!"*

En este pasaje de las Escrituras, Jesús había estado enseñando a sus discípulos a orar, y les había enfatizado la importancia de que pidan, busquen y llamen. "Porque todo el que pide, recibe..." Para el contexto, vea Lucas 11:1-10.

Como padres terrenales, podemos relacionarnos con las peticiones de nuestros hijos. A veces su inocencia simplemente derrite tu corazón, ¿no? Si está a nuestro alcance y no les perjudica, les daremos lo que pidan.

Nuestro versículo de hoy probablemente no se refiere a la morada del Espíritu cuando renacemos, ya que todos lo recibimos automáticamente. Entonces, muchos creen que Jesús está hablando del bautismo del Espíritu Santo que Él promete a sus seguidores.

Si, como padres terrenales imperfectos, damos buenos regalos a nuestros hijos, ¿cuánto más nuestro perfecto y grandioso Padre Celestial dará los mejores regalos a sus hijos que se lo pidan?

En mi opinión, después de la salvación, el bautismo del Espíritu Santo puede ser el mejor regalo.

HABLEMOS CON DIOS

Padre Dios, te pido y recibo Tu mejor regalo, Tu Espíritu Santo. Padre, sabes lo que necesito incluso antes de que te lo pida. Sé que nunca me darás nada que me haga daño o que eso no sea bueno para mí. Deseo lo mejor de ti en mí y a través de mí para los demás. En el precioso nombre de Jesús oro, Amén.

ESCUCHA AL ESPÍRITU

Estudie Lucas 11; Lucas 24:49; Juan 14:26;
Juan 15:26; Juan 16:7.

Vale la Pena Tener Sed

Juan 7:37-39

"En el último día, el más solemne de la fiesta, Jesús se puso de pie y exclamó, '¡Si alguno tiene sed, que venga a mí y beba! ³⁸De aquel que cree en mí, como dice la Escritura, brotarán ríos de agua viva.' ³⁹Con esto se refería al Espíritu que habrían de recibir más tarde los que creyeran en él. Hasta ese momento el Espíritu no había sido dado, porque Jesús no había sido glorificado todavía."

La sed es un poderoso motivador. Alguien puede vivir varias semanas sin comida, pero solo 3-4 días sin agua. Durante el día, nos encontramos bebiendo líquidos con mucha más frecuencia que comiendo. Junto al aire para respirar, el agua es el ingrediente más importante para mantener la vida.

Jesús nos ofrece agua espiritual en la forma de su Espíritu Santo para sostenernos y satisfacer nuestras necesidades más básicas. ¿Cómo sería nuestra vida si dependiéramos de la Presencia misma de Dios, el Espíritu Santo, de la misma manera que dependemos del agua?

Esta dependencia constante de Dios es parte de lo que Jesús quiso decir cuando dijo que Él era la vid y nosotros los pámpanos. El pámpano está conectado a la vid y la fuente de vida de la vid fluye dentro y fuera del pámpano para sostener la vida y producir fruta. Debemos permanecer conectados y desear que la fuerza vital viva de manera fructífera.

HABLEMOS CON DIOS

Santo Padre, necesito y quiero más de ti cada día. Jesús, quiero beber continuamente de tu Agua Viva. Espíritu Santo, tengo sed de más de ti. Lléname hasta desbordar hoy para que otros puedan saciar su sed. En el Nombre salvador de Jesús oro, Amén.

ESCUCHA AL ESPÍRITU

Estudie Juan 7; Juan 4:13-14; Isaías 12:3; Isaías 35:3-7; Isaías 43:18-21; Apocalipsis 21:6-7; Juan 15:1-5

Ven, Bebe, Vive

Apocalipsis 22:17

*"El Espíritu y la novia dicen: '¡Ven!'; y el que
escuche diga: '¡Ven!' El que tenga sed, venga; y
el que quiera, tome gratuitamente del agua
de la vida."*

El Espíritu Santo está constantemente, pero gentilmente, llamándonos a "Venir." Quiere que elijamos su camino, escuchemos su voz y sigamos su ejemplo. El desea guiarnos a un nivel cada vez mayor de intimidad de relación personal con el Padre.

La Novia de Cristo, es decir, el verdadero cuerpo de creyentes, nos llama a "Venir" y unirnos en una comunión significativa entre nosotros y con el Espíritu.

Otros que han escuchado y respondido al llamado del Espíritu y han tomado esta decisión, nos instan y animan a "Venir" y unirnos a ellos en el camino. Pero, para que podamos responder, debemos reconocer el profundo anhelo interior, el profundo vacío y el deseo con todo nuestro corazón de estar lleno de algo que sustente permanentemente la vida.

¿De verdad deseas ser llenado? Piense en cuántas veces se le ha animado a profundizar en Cristo, a ir "con todo." Es un regalo gratis y es suyo para que lo tome. Siempre hay más de Dios sin importar cuánto tiempo hayas estado en relación con él.

Ven a Él. Bebe profundamente. Viva eternamente lleno.

HABLEMOS CON DIOS

Padre Celestial, por favor, revélame la fuente de cualquier vacío y soledad que todavía pueda haber en mi interior. Padre, deseo desesperadamente estar lleno para siempre de ti mismo. Jesús, te pido la agua pura y viva de tu Espíritu y tu Palabra. En el Nombre viviente de Jesús oro, Amén.

ESCUCHA AL ESPÍRITU

Estudie Apocalipsis 22; Mateo 11:28-30; Efesios 5:18-20.

El Consejero de la Verdad

Juan 14:16-17

*"Y yo le pediré al Padre, y él les dará otro
Consolador para que los acompañe siempre:
[17]el Espíritu de verdad, a quien el mundo no
puede aceptar porque no lo ve ni lo conoce.
Pero ustedes sí lo conocen, porque vive con
ustedes y estará en ustedes."*

¿Te imaginas lo que debían haber estado pensando los discípulos cuando Jesús les dijo que era mejor para ellos que se fuera? Habían estado con Él casi constantemente durante tres años o más. Habían estado aprendiendo de Él, viéndolo obrar poderosos milagros, viéndolo demostrar misericordia, amor y compasión, y escuchándolo decir la Verdad a todos en todo momento. ¡Todo estuvo genial!

Pero solo pudieron experimentar esto en Su presencia física inmediata. A veces se separaban de Él y las cosas no iban tan bien. Por ejemplo, se tambalearon en medio de la tormenta en el mar cuando Jesús los envió al otro lado.

Jesús les dice en las escrituras de hoy que tendrán Su Espíritu viviendo dentro de ellos cuando Él se vaya, por lo tanto, Su Espíritu nunca los dejará. Siempre tendrán Su Presencia.

Esto es exclusivo de los verdaderos discípulos. "El mundo" no acepta a Jesús, no tiene relación con Él y, por lo tanto, no puede tener Su Espíritu. No pueden reconocer la Verdad que necesitan tan desesperadamente.

HABLEMOS CON DIOS

Padre misericordioso, estoy muy agradecido por tener a Tu Consejero de la Verdad viviendo dentro de mí. Ayúdame a discernir la Verdad, escucha atentamente Tu sabiduría y sigue Tu dirección. En el poderoso Nombre de Jesús oro, Amén.

ESCUCHA AL ESPÍRITU

Estudie Juan 14.

Recibe el Don del Poder

Hechos 1:4-5

*"Una vez, mientras comía con ellos, les ordenó:
"No se alejen de Jerusalén, sino esperen la
promesa del Padre, de la cual les he hablado:
⁵Juan bautizó con agua, pero dentro de pocos días
ustedes serán bautizados con el Espíritu Santo."*

Jesús ya les había dicho a Sus discípulos que fueran a "todo el mundo" para hacer otros discípulos y representarlo a Él y al Reino de Dios. Todavia, les dijo que esperaran. Esto parece contradictorio a primera vista.

Deben haber estado rebosantes de entusiasmo después de Su resurrección y estar listos para contarle al mundo las Buenas Nuevas. Habían sido entrenados durante más de tres años en la mejor Escuela de Cristo jamás disponible. Probablemente pensaron que estaban listos, pero Jesús les dijo que esperaran.

Todavía había algo que necesitaban, el mejor regalo del Padre, que aún no habían recibido. Jesús sabía que necesitaban el bautismo del Espíritu Santo antes de que tuvieran el Poder necesario para cumplir lo que Él les había mandado hacer.

Muchas veces, después de nuestra salvación y bautismo en agua, estamos emocionados y queremos hacer cosas para el Señor y Su Reino. Pero realmente no tenemos el poder para el éxito por nuestra cuenta. Por nosotros mismos no podemos hacer nada, pero con Él todo es posible. Recibe el Don del Poder.

HABLEMOS CON DIOS

Padre amoroso, realmente deseo más revelación sobre todo Tu Poder disponible para mí y a través de Tu Espíritu Santo. Jesús, quiero ser llenado diariamente con Tu Poder por Tu Espíritu Santo. ¡Recibo tu regalo! En el poderoso Nombre de Jesús oro, Amén.

ESCUCHA AL ESPÍRITU

Estudie Hechos 1:1—2:47.

Poder de Pentecostés

Hechos 2:1-4

*"Cuando llegó el día de Pentecostés, estaban
todos juntos en el mismo lugar. De repente,
vino del cielo un ruido como el de una violenta
ráfaga de viento y llenó toda la casa donde
estaban reunidos. Se les aparecieron entonces
unas lenguas como de fuego que se repartieron
y se posaron sobre cada uno de ellos. Todos
fueron llenos del Espíritu Santo y comenzaron a
hablar en diferentes lenguas, según el Espíritu les
concedía expresarse."*

Durante diez días después de Su Ascensión, los Discípulos esperaron como les había instruido Jesús. Les dijo que había un regalo que venía del Padre y del Hijo, por lo que permanecieron juntos en la fe y la unidad. Esto debe haber requerido mucho autocontrol y paciencia.

Aún no sabían cuál sería la gran recompensa por su obediencia, pero habían pasado suficiente tiempo con Jesús para saber con certeza que sería magnífico. Se les había hablado del poder, y se les había enseñado acerca de una persona que era un consejero, un abogado y un ayudante.

¡Entonces, de repente, vieron y sintieron que el Poder y la Persona eran Uno! El Espíritu Santo descendió sobre ellos en el aposento alto donde estaban reunidos y les demostró individualmente Su Poder y Presencia.

Siempre hay una recompensa por nuestra obediencia, pero también debemos ejercitar la fe, la paciencia y el autocontrol. El poder de Pentecostés aguarda. Recíbelo.

HABLEMOS CON DIOS

Padre Dios, por favor lléname hasta rebosar con Tu Poder y Presencia hoy. Jesús, deseo, de buena gana y obedientemente, recibir Tu Regalo antes de comenzar mi día. En el poderoso Nombre de Jesús oro, Amén.

ESCUCHA AL ESPÍRITU

Estudie Hechos 2.

Espíritu Residente

Juan 20:21-22

*"¡La paz sea con ustedes! Repitió Jesús.
"Como el Padre me envió a mí, así yo los envío
a ustedes." Acto seguido, sopló sobre ellos y les
dijo: "Reciban el Espíritu Santo."*

Poco después de la resurrección de Jesús, se apareció a sus discípulos. Una vez que se recuperaron de lo que debió haber sido una gran conmoción, su desesperanza, desesperación y soledad se convirtieron en desbordantes esperanzas, alegría y paz. Ahora eran verdaderos creyentes, los primeros en encuentro personalmente con el Señor Resucitado.

En este momento nació "la Iglesia." El Cuerpo de Cristo debe contener el Espíritu de Jesús que mora en nosotros para que haya vida verdadera y abundante. Sabiendo que Sus discípulos deben poder tener éxito en su misión mucho después de que Él ascendió al Cielo, Jesús los empoderó con el mismo poder interior que le había sido dado por el Espíritu del Padre, el Espíritu Santo.

Jesús quería enviarlos con paz, ¡así que sopló sobre ellos el mismo Espíritu de Paz! Similar a de la manera en que el Padre sopló vida a Adán en el Huerto al compartir Su misma Esencia, Jesús sopló sobre Sus discípulos la vida sobrenatural de la Tercera Persona de la Deidad, el Espíritu Santo.

Por primera vez, un seguidor del "Camino" (que más tarde se llamarán "cristianos") vivió permanentemente el mismo Espíritu del Padre y el Hijo, el Espíritu Santo. Jesús lo necesitaba y nosotros también.

Jesús nos envía con Su Paz y Poder.

HABLEMOS CON DIOS

Padre Celestial, hoy te agradezco con humildad y alegría por darme permanentemente el mismo Espíritu que tuvo Jesús, el de Tu paz y poder, el Espíritu Santo. En el Nombre pacífico y gozoso de Jesús oro, Amén.

ESCUCHA AL ESPÍRITU

Estudie Juan 20; 1 Corintios 3:16; 1 Corintios 6:19-20; Efesios 2:22.

Ven, Espíritu Santo

Hechos 8:14-17

*"Cuando los apóstoles que estaban en Jerusalén
se enteraron de que los samaritanos habían
aceptado la palabra de Dios, les enviaron a
Pedro y a Juan. Estos, al llegar, oraron por ellos
para que recibieran el Espíritu Santo, porque el
Espíritu aún no había descendido sobre ninguno
de ellos; solamente habían sido bautizados en el
nombre del Señor Jesús. Entonces Pedro y Juan
les impusieron las manos, y ellos recibieron el
Espíritu Santo."*

Los samaritanos fueron tratados como ciudadanos de
segunda clase y, lo que es peor, a menudo se los veía
como "perros" comunes. Que llegara a Jerusalén la
noticia de que incluso los samaritanos habían aceptado
el Evangelio debió haber sido una gran sorpresa para los
discípulos. Dos de los primeros líderes de la Iglesia, Pedro y Juan, fueron enviados a reunirse con ellos.

Debe haber sido claro para los dos de Jerusalén que
los creyentes en Samaria aún no habían sido bautizados

con "poder de lo alto" como lo habían sido Pedro, Juan y los demás en Pentecostés, así que oraron. Deben haber estado preguntando al Padre si este poder era para todos los que realmente creían, no solo para los judíos.

Al enterarse de que en verdad habían sido bautizados en el Nombre de nuestro Señor Jesús, Pedro y Juan les impusieron las manos para que los samaritanos recibieran el segundo bautismo de fuego y poder. Una vez más, vieron pruebas de que Dios no discrimina.

HABLEMOS CON DIOS

Dios Padre, realmente deseo todo lo que Tú quieres darme. Querido Jesús, enséñame sobre este segundo bautismo. Estoy aprendiendo que Tu Espíritu poderoso es para todos los que creen y desean más de la vida abundante que Jesús vino a dar. Creo y deseo más de Ti. En el poderoso Nombre de Jesús oro, Amén.

ESCUCHA AL ESPÍRITU

Estudie Hechos 8; Hechos 10; Hechos 19:1-7.

DÍA 23
Bautismos

Hechos 19:1-6

*"Mientras Apolos estaba en Corinto, Pablo
recorrió las regiones del interior y llegó a Éfeso.
Allí encontró a algunos discípulos. —¿Recibieron
ustedes el Espíritu Santo cuando creyeron? —les
preguntó.—No, ni siquiera hemos oído hablar
del Espíritu Santo —respondieron.—Entonces,
¿qué bautismo recibieron?—El bautismo de Juan.
Pablo les explicó. El bautismo de Juan no era
más que un bautismo de arrepentimiento. Él le
decía al pueblo que creyera en el que venía
después de él, es decir, en Jesús.
Al oír esto, fueron bautizados en el nombre
del Señor Jesús. Cuando Pablo les impuso las
manos, el Espíritu Santo vino sobre ellos, y
empezaron a hablar en lenguas y a profetizar."*

Cuando Pablo se encontró con estos creyentes, parece
que se le pudo haber dado discernimiento espiritual
para notar algo diferente en ellos. Quizás sintió que
faltaba algo, o alguien.

Aparentemente, no dudaba de si eran creyentes basándose en cómo hizo esta primera pregunta tan importante. Quizás estaba sorprendido y emocionado de que "ni siquiera habían oído que hay un Espíritu Santo."

Al enterarse de que en verdad se habían arrepentido de sus pecados, fueron nuevamente bautizados en agua para demostrar su decisión de seguir a Jesús. Pablo debe haber estado lleno de gozo para poder ser usado por Dios y luego también empoderar a estos jóvenes creyentes con Su Espíritu Santo. Los dones espirituales se manifestaron inmediatamente con este bautismo de fuego y poder.

Siempre hay más para recibir de Su Presencia para aquellos que buscan sinceramente conocer mejor a Dios.

HABLEMOS CON DIOS

Padre Dios, anhelo más de ti. Manifiesta a través de mí los dones del Espíritu Santo para impactar poderosamente a aquellos que necesitan conocerte mejor. Te alabo y te honro. En el bendito Nombre de Jesús oro, Amén.

ESCUCHA AL ESPÍRITU

Estudie Hechos 19; Lucas 11: 9-13; Hechos 1:4-5,8.

El Espíritu Santo Habla

Hechos 13:2

"Mientras ayunaban y participaban en el culto al Señor, el Espíritu Santo dijo: Apártenme ahora a Bernabé y a Saulo para el trabajo al que los he llamado"

Isaías 30:21

"Ya sea que te desvíes a la derecha o a la izquierda, tus oídos percibirán a tus espaldas una voz que te dirá: Este es el camino; síguelo."

Juan 15:26

"Cuando venga el Consolador, que yo les enviaré de parte del Padre, el Espíritu de verdad que procede del Padre, él testificará acerca de mí."

Nunca he escuchado la voz audible de Dios el Padre o Dios el Hijo. ¡Pero, definitivamente escucho diariamente la voz de Dios, el Espíritu Santo! Sí, como lo demuestran los versículos anteriores, el Espíritu Santo nos habla. ¿Estas escuchando?

Esta "voz apacible y delicada" del Espíritu viene a mis pensamientos desde lo más profundo de mi corazón o espíritu humano. Allí Él, el Espíritu del Padre y del Hijo, habita en mí, siempre listo y dispuesto a guiarme, instruirme y señalarme a Jesús.

Son el ruido y las distracciones del "mundo" los que compiten por nuestra atención. El pecado, yo y Satanás hacen todo lo posible para ahogar la preciosa voz del Espíritu. Es un "caballero" y, como tal, no se impone a nuestro libre albedrío. Por eso es tan importante que constantemente elijamos buscar Su voz y recibir Sus instrucciones obedientemente.

Estate quieto. Esté muy callado por dentro. Escucha. Escucha. Escucha.

HABLEMOS CON DIOS

Dios Padre, te pido que siembres Tus semillas de amor e instrucción en mi corazón. Quiero preparar el terreno y empaparme de Tu Presencia. Siempre quiero escuchar tu voz. En el nombre de Jesús, amén.

ESCUCHA AL ESPÍRITU

Estudie Juan 14; Juan 16:12-15; 1 Reyes 19:11-13.

No Contristéis al Espíritu

Efesios 4: 29-31

*"Eviten toda conversación obscena. Por el
contrario, que sus palabras contribuyan a la
necesaria edificación y sean de bendición
para quienes escuchan. No agravien al Espíritu
Santo de Dios, con el cual fueron sellados
para el día de la redención. Abandonen toda
amargura, ira y enojo, gritos y calumnias, y
toda forma de malicia."*

El Espíritu Santo es una Persona al igual que Dios el
Padre y Dios el Hijo. Como tal, es posible entriste-
cerlo con nuestras palabras, acciones y pensamientos. En lugar de decepcionarlo, debemos hacer todo lo
posible por complacerlo.

En nuestra vida diaria, debemos estar constantemente conscientes de cómo interactuamos con las personas a lo largo de nuestro camino y cómo enfrentamos
los desafíos a lo largo del camino. El enemigo de nuestras
almas siempre está al acecho esperando cualquier oportunidad que le demos para tentarnos a actuar de manera

similar a nuestro "anciano" antes de Cristo. Cuando lo hacemos, contristamos al Espíritu Santo que vive en nosotros.

No se deje engañar por los trucos, señuelos y artilugios del enemigo. El Espíritu de Cristo dentro de ti conoce las palabras y respuestas correctas. Busque su guía y su paz en medio de la batalla. Decida todos los días a hacer lo mejor que pueda para agradar a Dios en sus pensamientos, palabras y hechos.

HABLEMOS CON DIOS

Mi Padre Celestial, deseo ser guiado por el Espíritu hoy, y no por la carne, el mundo o el diablo. Hoy me vuelvo a dedicar y comprometerme a agradar al Padre, al Hijo y al Espíritu. No quiero nunca causarte dolor. En el querido y precioso Nombre de Jesús oro, Amén.

ESCUCHA AL ESPÍRITU

Estudie Efesios 4; Gálatas 1:10; Colosenses 1:10; 1 Tesalonicenses 2:4; 1 Tesalonicenses 4:1; Hebreos 13:16.

El Espíritu Decide

1 Corintios 12:11

"Todo esto lo hace un mismo y único Espíritu, quien reparte a cada uno según él lo determina."

Hechos 16: 7

"Cuando llegaron cerca de Misia, intentaron pasar a Bitinia, pero el Espíritu de Jesús no se lo permitió. "

Dios, el Espíritu Santo, toma decisiones que nos ayudan y nos guían en su camino para nuestras vidas. Él elige caminos que tal vez no podamos ver o que no seamos lo suficientemente sabios para elegir. Se vuelve cada vez más importante para nosotros esperar, escuchar y estar de acuerdo con Su Voluntad para nuestras vidas.

El Espíritu tiene muchos dones que manifestará en nosotros y a través de nosotros en el momento adecuado, en el lugar adecuado y con las personas adecuadas. Pero Él decide cuándo, dónde y cómo. A medida que aprendemos a escuchar su voz suave y apacible, podemos asociarnos con él en su obra.

En Hechos 16:6-10, aparentemente Pablo y sus compañeros tenían un plan para ministrar el Evangelio en Asia, pero fueron impulsados por el Espíritu Santo a no ir. Luego, llegaron a la frontera de otra región, y el Espíritu no les permitió entrar nuevamente. Finalmente, el Espíritu usó una visión con Pablo para indicarle que fuera a Macedonia.

¿Busca la guía de Dios diario? Si es así, ¿obedece rápidamente?

HABLEMOS CON DIOS

Padre Dios, quiero aprender a escuchar mejor el Espíritu de Jesús, el Espíritu Santo, mientras toma decisiones para beneficiarme. ¡Deseo sinceramente tomar buenas decisiones guiado por Tu Espíritu que siempre está conmigo y vive dentro de mí! En el maravilloso Nombre de Jesús oro, Amén.

ESCUCHA AL ESPÍRITU

Estudie Hechos 16; 1 Corintios 12:7-11; Hebreos 2:4.

La Gloria del Señor

2 Corintios 3:18

*"Así, todos nosotros, que con el rostro
descubierto reflejamos[b] como en un espejo
la gloria del Señor, somos transformados a su
semejanza con más y más gloria por la acción
del Señor, que es el Espíritu."*

En este pasaje, Pablo declara que la gloria del Señor
es el Espíritu. La esencia misma de nuestro Señor es
Su Espíritu Santo, Su Gloria. Por su gloria, que es el
Espíritu, nos transforma cada día a la imagen de Cristo.

Esto se confirma como el propósito de Dios para nosotros en Romanos 8:29, donde Pablo dice que Dios nos
ha predestinado para ser hechos conformes a la imagen
de Su Hijo. La gloria de Dios mora en nosotros, y es su
trabajo cambiarnos progresivamente a la semejanza de
Jesús. Este es el proceso conocido como santificación.

El Espíritu desea eliminar todo lo que hay en nosotros
que no es como Cristo, para que Su semejanza siempre
aumente en nosotros, permitiendo así que Su Gloria sea
una Luz en las tinieblas. Él elimina las impurezas de no-

sotros con el tiempo para que seamos un reflejo cada vez más puro de la Gloria de Dios.

En la medida en que veamos a Jesús más claramente a través de Su Espíritu Santo, nos atrae Su Belleza y Gloria. Esta atracción, como un fuerte imán para el metal, nos atrae cada vez más hacia Él.

HABLEMOS CON DIOS

Padre Celestial, deseo estar lleno hoy de Tu Gloria, Tu Espíritu Santo, para poder transformarme cada vez más a la imagen de Jesús. Espíritu Santo, por favor revela las áreas en las que necesito "negarme a mí mismo" y seguir a Jesús. Por Tu Gloria, configúrame a Su imagen. En Su Nombre, Amén.

ESCUCHA AL ESPÍRITU

Estudie 2 Corintios 3; Romanos 8:29; Efesios 4:22-24.

Dios se Revela por Su Espíritu

1 Corintios 2:9-10

"Sin embargo, como está escrito: Ningún ojo ha visto, ningún oído ha escuchado, ninguna mente humana ha concebido lo que Dios ha preparado para quienes lo aman. Ahora bien, Dios nos ha revelado esto por medio de su Espíritu, pues el Espíritu lo examina todo, hasta las profundidades de Dios."

Este pasaje se usa frequentemente en sermones para presagiar los misterios del cielo que se revelarán cuando dejemos nuestra asignación terrenal temporal. Ciertamente, nos esperan muchas sorpresas tremendas.

Sin embargo, Pablo también nos informa que el Espíritu de Dios Padre conoce todas las cosas y desea comenzar a revelárnoslas ahora, en esta vida. Al revisar el pasaje completo de 1 Corintios 2:6-16, vemos que Pablo está hablando acerca de la Sabiduría de Dios revelada por Su Espíritu que nos permite tener la mente de Cristo.

Pablo nos dice en los versículos 11 y 12, *"nadie conoce los pensamientos de Dios sino el Espíritu de Dios. No hemos recibido el espíritu del mundo, sino el Espíritu que viene de Dios, para que comprendamos lo que Dios nos ha dado gratuitamente."*

Hermanos y hermanas, esta es una Verdad emocionante. El Espíritu del Padre en ti desea revelar las cosas profundas de Dios, para que puedas vivir mejor la vida abundante que Jesús vino a darte (Juan 10:10). ¡Verdaderamente, esta es la Trinidad en operación en nuestras vidas!

HABLEMOS CON DIOS

Padre celestial, gracias por darme la mente de Cristo a través de tu Espíritu. Sinceramente deseo comprender las cosas profundas de Dios que pueden ayudarme hoy y todos los días. En el Nombre eterno de Jesús oro, Amén.

ESCUCHA AL ESPÍRITU

Estudie 1 Corintios 2.

El Espíritu de Dios Vive en Ti

1 Corintios 3:16

*"No saben que ustedes son templo de Dios y
que el Espíritu de Dios habita en ustedes?"*

En el Huerto, Dios caminó personalmente con Adán
y Eva hasta que el pecado les impidió estar en Su
Presencia. En el desierto, la Presencia de Dios hab-
itaba dentro del tabernáculo en el Lugar Santísimo, y
luego de manera similar en el Templo, pero Él no estaba entre la gente; y, más tarde, Ezequiel ve la visión
de la Gloria de Dios partiendo incluso del Templo en el
capítulo 10 de Ezequiel.

El Padre siempre ha deseado morar entre su pueblo.
Pero no puede vivir en pecado. Jesús vino a restaurar
nuestra relación con el Padre para siempre. Jesús se convirtió en el mismo pecado que el Padre no podía soportar
ni siquiera mirar para que pudiéramos ser hechos justicia de Dios en Cristo (ver 2 Corintios 5:21).

El velo de separación de la Presencia de Dios en el
Templo se nos ha abierto para siempre a través del Cuerpo desgarrado de Su Hijo, Jesús.

Dios mismo ha preparado una morada para siempre. ¡Su Presencia, Su Espíritu Santo, mora en ti! ¡El Espíritu del Padre y el Espíritu del Hijo vive en nosotros, que verdaderamente nos hemos arrepentido y creído en el Evangelio!

¿Realmente te has detenido a meditar en esta asombrosa Verdad? ¡Eres el templo de Dios! ¡El Espíritu de Dios vive en ti! Quédense quietos y reconozcan que Él es Dios.

HABLEMOS CON DIOS

Padre amoroso, gracias por hacer de mi cuerpo un lugar para que viva tu Espíritu Santo. Hoy, agradeceré y meditaré sobre este asombroso milagro de Tu Presencia. En el nombre de Jesús, amén.

ESCUCHA AL ESPÍRITU

Estudie 1 Corintios 3; Juan 20:21-22;
1 Corintios 6:19-20; Efesios 2:22; Ezequiel 10:18;
2 Corintios 5:21.

El Espíritu de la Verdad

Juan 15:26

"Cuando venga el Consolador, que yo les enviaré de parte del Padre, el Espíritu de verdad que procede del Padre, él testificará acerca de mí."

El Padre y Jesús, el Hijo, determinaron en su Sabiduría que necesitaríamos un Ayudador. cuán magnífico es que nuestro Ayudador, Maestro, Consejero y Guía venga a nosotros como el Espíritu del Padre y el ¡Espíritu del Hijo!

Jesús representó perfectamente al Padre y siempre dirigió a las personas hacia el Padre. De manera similar, el Espíritu Santo siempre señalará a las personas a Jesús. El Espíritu de la Verdad representa perfectamente a Aquel que es la Verdad.

Por lo tanto, el Espíritu Santo siempre nos aconsejará y nos ayudará, en perfecta armonía con Jesús, quien es la Palabra viva. Podemos estar seguros de que la voz del Espíritu nunca contradecirá la Palabra de Dios.

Dado que Jesús nos dijo repetidamente que Él solo hace lo que el Padre hace y dice lo que el Padre dice, podemos estar seguros de que el Espíritu Santo representa perfectamente el Padre también. Sin embargo, el Padre y el Hijo piensan tan bien en el Espíritu que acordaron enviarlo para ayudarnos.

Las tres Personas de la Trinidad están en armonía y desean ayudarnos en nuestra relación restaurada con Dios proclamando siempre la Verdad y guiándonos hacia Aquel que es la Verdad.

HABLEMOS CON DIOS

Gracias, Dios Padre, por ti y por Jesús enviándome el Espíritu de la Verdad, Tu Espíritu Santo. Por favor, dame un hambre renovado y sed de Tu Palabra para que pueda reconocer y obedecer mejor la voz de Dios, el Espíritu Santo. En el Todopoderoso Nombre de Jesús oro, Amén.

ESCUCHA AL ESPÍRITU

Estudie Juan 15.

DÍA 31
El Espíritu Eterno

Hebreos 9:14

*"Si esto es así, ¡cuánto más la sangre de Cristo,
quien por medio del Espíritu eterno se ofreció sin
mancha a Dios, purificará nuestra conciencia de
las obras que conducen a la muerte, a fin de que
sirvamos al Dios viviente!"*

Dios siempre ha sido y siempre será. Él es eternamente "YO SOY."

Por tanto, las tres personas de Dios son eternas.
El Padre, el Hijo y el Espíritu Santo no fueron creados y
nunca dejarán de serlo. Son la Primera Causa sin causa
de todo. Son infinitos y eternos.

A.W. Tozer escribió: "Dios habita en la eternidad,
pero el tiempo habita en Dios. Él ya ha vivido todos
nuestros mañanas como ha vivido todos nuestros ayeres
... Desde la eternidad, nuestro Señor vino al tiempo para
rescatar a Sus hermanos humanos cuya locura moral los
había convertido no solo en tontos del mundo pasajero,
sino también en esclavos del pecado y de la muerte."[1]

Jesús voluntariamente y obedientemente se ofreció a sí mismo a Dios como el sacrificio final e inmaculado por todos nuestros pecados, para todo el tiempo. La Palabra nos dice que Él logró esto a través del Espíritu Santo Eterno para que podamos servir al Dios vivo.

El Espíritu Santo que vive en ti es el que puede servir perfectamente al Padre. Nuestro desafío es entregarnos más perfectamente a Él todos los días a medida que Él logra esto en nosotros y a través de nosotros.

HABLEMOS CON DIOS

Querido Padre Celestial, ayúdame a aprender cómo entregarme más plenamente al Espíritu Eterno para poder servirte mejor a Ti, el Único Dios Verdadero. Te doy gracias por la Sangre de Jesús que limpia mi conciencia y me ha liberado para siempre del tiempo, el pecado y la muerte. En el precioso Nombre de Jesús oro, Amén.

ESCUCHA AL ESPÍRITU

Estudie Hebreos 9.

1 A.W. Tozer, *The Knowledge of the Holy*, Harper and Row Publishers, copyright 1961.

El Espíritu es Todopoderoso

Lucas 1:35

"Respondiendo el angel, le dijo: "El Espíritu Santo vendrá sobre ti, y el poder del Altísimo te cubrirá con su sombra. Así que al santo niño que va a nacer lo llamarán Hijo de Dios."

¿Alguna vez se ha detenido a considerar la frase "el poder del Altísimo"?

Tradicionalmente, el énfasis de este versículo se centra en el hecho de que el Espíritu Santo "cubrió con su sombra" a María, que por supuesto habla del nacimiento virginal. Pero hoy, consideremos el poder de Dios.

Teológicamente, el poder de Dios se conoce como "omnipotente," que significa "tener todo el poder." La palabra deriva del latín, a menudo se traduce como "todopoderoso" en nuestra Biblia y nunca se usa con nadie más que con Dios. Dios solo es Todopoderoso.

A.W. Tozer escribió: "La soberanía y la omnipotencia deben ir juntas. Uno no puede existir sin el otro. Para reinar, Dios debe tener poder, y para reinar soberanamente, Él debe tener todo el poder ... Dado que Dios también es infinito, todo lo que tiene debe ser ilimitado; por tanto, Dios tiene poder ilimitado, es omnipotente."[1]

Detente y considera este hecho asombroso: ¡Aquel con poder ilimitado habita en ti! Ese solo hecho debería hacer que sea más fácil para nosotros querer rendirnos a Su liderazgo todos los días. Darnos cuenta de lo débiles que somos en nosotros mismos debería animarnos a dejar que Su poder tome el control.

HABLEMOS CON DIOS

Padre Dios, te agradezco por Tu poder ilimitado que reside en mí en la forma de Tu Espíritu Santo. Jesús, te pido que me ayudes a ser un canal claro a través del cual tu poder pueda fluir para influir positivamente y ministrar a quienes me rodean por medio de tu Espíritu Santo. En el nombre de Jesús, amén.

ESCUCHA AL ESPÍRITU

Estudie Lucas 1.

1 A.W. Tozer, *The Knowledge of the Holy*, Harper and Row Publishers, copyright 1961.

El Espíritu está Presente en Todas Partes

Salmo 139: 7-10

¿A dónde podría alejarme de tu Espíritu? ¿A dónde podría huir de tu presencia? Si subiera al cielo, allí estás tú; si tendiera mi lecho en el fondo del abismo, también estás allí. Si me elevara sobre las alas del alba, o me estableciera en los extremos del mar, aun allí tu mano me guiaría, ¡me sostendría tu mano derecha!"

No hay ningún lugar en el que podamos estar donde no esté la Presencia de Dios el Espíritu Santo.

Dios es omnipresente. A. W. Tozer explica: "Dios está en todas partes aquí, cerca de todo, al lado de todos... no hay lugar en el cielo, la tierra o el infierno donde los hombres puedan esconderse de Su presencia. Las Escrituras enseñan que Dios está a la vez lejos y cerca, y que en Él los hombres se mueven, viven y existen."[1]

Me consuela considerar cómo Dios estuvo cerca de mí incluso en medio de todos mis pecados. Esperó pacientemente a que finalmente llegara al final de mí mismo en la prisión y clamara a Él en rendición. Asi mismo, su presencia me mantuvo seguro, me enseñó y me puso en libertad incluso cuando todavía estaba encarcelado.

Dios también está contigo ahora mismo, ¡justo donde estás! Cree eso.

HABLEMOS CON DIOS

Dios Padre, hoy estaré quieto y sabré que Tú eres Dios. Tu estas conmigo. Nunca me dejarás. Sinceramente quiero reconocer Tu Presencia conmigo todo el día. En el Nombre siempre presente de Jesús oro, Amén.

ESCUCHA AL ESPÍRITU

Estudie el Salmo 139; Salmo 46:10.

---

1 A.W. Tozer, The Knowledge of the Holy, Harper and Row Publishers, copyright 1961.

El Espíritu Ama

Romanos 15:30

*"Les ruego, hermanos, por nuestro Señor
Jesucristo y por el amor del Espíritu, que se unan
conmigo en esta lucha y que oren a Dios por
mí."*

El Espíritu Santo ama. Juan nos dice que Dios es amor. El amor es un atributo de Dios. Sabemos que el amor no es todo lo que Él es porque Él también es Gracia, Verdad, Misericordia, Justicia y muchos otros atributos también.

El amor no es Dios, pero Dios es amor. Dios es amor perfecto. Pablo describe su amor de manera acertada y hermosa en 1 Corintios 13:4-10. Deténgase y medite en oración sobre ese pasaje. No se apresure a hacerlo.

A.W. Tozer escribe: "De los otros atributos conocidos de Dios podemos aprender mucho acerca de Su amor. Podemos saber, por ejemplo, que debido a que Dios existe por sí mismo, Su amor no tuvo principio; porque es eterno, su amor no puede tener fin; porque es infinito, no tiene límite; porque Él es santo, es la quintaesencia de toda pureza inmaculada; porque Él es inmenso, Su amor es un mar incomprensiblemente vasto, sin fondo y sin orillas ante el cual arrodíllate en un silencio gozoso y del que la elocuencia más alta se retira confusa y avergonzada."[1]

Jesús nos dijo en Juan 13:34-35, que debemos amar a los demás como Él nos ama. En mi propia fuerza eso parece imposible, pero el Espíritu Santo puede amar perfectamente a los demás a través de mí si se lo permito.

HABLEMOS CON DIOS

Dios Padre, te doy gracias por tu amor perfecto mostrado en la vida de tu Hijo por tu Espíritu Santo. Gracias por amarme incondicionalmente. ¡Yo también te amo! En el Nombre lleno de gracia y perfecto de Jesús oro, Amén.

ESCUCHA AL ESPÍRITU

Estudie Romanos 15; 1 Juan 4:7-21; 1 Corintios 13:4-10.

---

1 A.W. Tozer, *The Knowledge of the Holy*, Harper and Row Publishers, copyright 1961.

El Espíritu Habla

Hechos 8:29

*"El Espíritu le dijo a Felipe: Acércate y
júntate a ese carro."*

Hechos 13:2

*"Mientras ayunaban y participaban en el culto
al Señor, el Espíritu Santo dijo: Apártenme ahora
a Bernabé y a Saulo para el trabajo al que los
he llamado."*

Aprender a escuchar al Espíritu Santo cuando habla
es crucial para construir una relación personal íntima con Dios el Padre. Jesús pagó el precio más alto
del universo para que pudiéramos ser restaurados al Padre. Creo que esta intimidad de relación solo es posible a
través del Espíritu de Dios que habita en nosotros.

Establecer una relación con cualquier persona requiere alguna forma de comunicación eficaz. En su mayor
parte, esto involucra principalmente alguna forma de
comunicación verbal, capacidad de escuchar y una respuesta. Si bien hay algunas personas que tienen graves

discapacidades auditivas y del habla, aprenden a comunicarse de formas muy especializadas. Las relaciones requieren comunicación.

La mayoría de los seguidores de Cristo nunca han escuchado una voz audible, sino que sienten distintas palabras o instrucciones en su mente que su corazón entiende como de origen divino. El Espíritu Santo da ideas e impresiones que nunca entran en conflicto con la Palabra y, por lo general, no son lo que normalmente sería su inclinación natural o deseo carnal.

Programar tiempo diariamente para estar quieto, escuchar y hablar con Dios son los primeros pasos importantes.

HABLEMOS CON DIOS

Padre Celestial, ayúdame a escuchar y responder a Tu Espíritu Santo. Me quedaré quieto, escucharé y responderé. Anhelo la comunión íntima y la conversación contigo. En el nombre de Jesús, amén.

ESCUCHA AL ESPÍRITU

Estudie Hechos 8.

No Blasfemes Contra el Espírit

Mateo 12:31

"Por eso les digo que a todos se les podrá perdonar todo pecado y toda blasfemia, pero la blasfemia contra el Espíritu no se le perdonará a nadie."

En este versículo, Jesús dice que es un pecado muy grave blasfemar al Espíritu Santo; tan grave que no será perdonado. La obra griega de la que se transmite aquí la palabra "blasfemia" significa charla maliciosa, calumnia, insulto o maldición. Por inferencia, también puede significar abusar, rechazar o negar.

Debido al contexto que rodea este versículo, algunos teólogos sienten que la blasfemia "implica atribuir el ministerio y el poder milagroso del Espíritu Santo (como la autoridad para expulsar demonios y el poder para sanar a los enfermos) a Satanás en lugar de a Dios. Implica un rechazo deliberado del testimonio del Espíritu Santo sobre Cristo y el evangelio."

A menudo he oído decir que si te preocupa blasfemar tan seriamente contra el Espíritu que no eres perdonado, entonces es una buena señal de que, de hecho, no lo has blasfemado. A alguien en esa condición nunca le importaría si lo había hecho o no.

Si estás preocupado, entonces para estar seguro de tu posición segura en Cristo, arrepiéntete ante el Padre de cualquier forma en que hayas hecho esto en el pasado, y ponlo cubierto por la Sangre. No hay pecado que la Sangre de Jesús no pueda limpiar. Aquellos que permanecen sin perdón nunca se han arrepentido.

HABLEMOS CON DIOS

Padre Dios, mi intención y deseo es siempre honrarte y venerarte, Jesús y tu Espíritu Santo. Si alguna vez he blasfemado contra el Espíritu Santo, ahora me arrepiento de todo corazón y te agradezco que la Sangre de Jesús cubre todos los pecados, incluido este, ahora que me he arrepentido. Estoy seguro en Cristo Jesús y espero la eternidad contigo en el cielo. En el precioso Nombre de Jesús oro, Amén.

ESCUCHA AL ESPÍRITU

Estudie Mateo 12; considere el versículo de hoy a la luz de Isaías 63:10; Marcos 3:28-30; Hechos 5:3-5; Efesios 4:30; 1Tesalonicenses 5:19; 1 Timoteo 1:13.

1 Nota explicativa de Mateo 12:31, *Biblia de estudio La vida en el espíritu*, por *Zondervan Publishing*, copyright 1992, 2003 de Life Publishers International.

No Resistas al Espíritu

Hechos 7:51

"¡Tercos, duros de corazón y torpes de oídos!
Ustedes son iguales que sus antepasados:
¡Siempre resisten al Espíritu Santo!"

Para ser guiados por el Espíritu Santo (en lugar del mundo, la carne o el diablo), debemos estar atentos, dispuestos y obedientes. El orgullo y la terquedad nos impiden seguir el ejemplo del Espíritu.

Como cristianos, las actitudes carnales de nuestro corazón son cortadas por el Espíritu Santo en su obra progresiva de hacernos más como Cristo Jesús. Este proceso es "santificación," y su propósito es apartarnos para servir a Dios con todo nuestro corazón y hacernos más santos.

Mientras pensemos con orgullo que podemos manejar nuestras propias vidas a nuestra manera, resistiremos la voz apacible y delicada del Espíritu en su intento de guiarnos por el camino angosto. El éxito en el andar cristiano llega cuando apartamos nuestra atención de las distracciones del mundo, escuchamos atentamente la voz del Espíritu y elegimos ser obedientes a sus instrucciones.

Aprender a hacer esto se vuelve más fácil cuando nos detenemos y consideramos dónde nos dejaron nuestros propios esfuerzos para dirigir nuestras propias vidas: en las prisiones que nosotros mismos hemos creado mientras estamos "en el mundo libre," y eventualmente para algunos de nosotros, detrás de barras de acero, muros de concreto. y alambre de púas.

No te resistas al Espíritu Santo.

HABLEMOS CON DIOS

Querido Padre Celestial, ayúdame a aprender a escuchar y obedecer a Tu Santo Espíritu. Sinceramente, quiero ser más como Jesús. Mientras realizo mi rutina hoy, ayúdame a ser guiado por el Espíritu. Gracias Padre. En el maravilloso Nombre de Jesús oro, Amén.

ESCUCHA AL ESPÍRITU

Estudie Hechos 7.

No Insultes al Espíritu Santo

Hebreos 10:29

"¿Cuánto mayor castigo piensan ustedes que merece el que ha pisoteado al Hijo de Dios, que ha profanado la sangre del pacto por la cual había sido santificado, y que ha insultado al Espíritu de la gracia?"

El diccionario Webster define "insultar" como tratar con desprecio, descortesía o falta de respeto. La palabra griega traducida en este pasaje como "insultado" también significa maltratar o dañar. El contexto del pasaje que rodea este versículo se refiere a alguien que continúa pecando deliberadamente después de haber recibido el Espíritu Santo en la salvación.

Este tipo de comportamiento no trata a Dios con respeto e ignora el precio tremendamente alto que Jesús pagó con Su Sangre para comprar nuestra libertad del pecado. Es el tipo de actitud que permite el engaño personal de que la gracia continuará cubriendo el pecado intencional después de la salvación a pesar de lo que uno haga o con qué frecuencia lo haga.

Este enfoque de la vida irrespetuoso, grosero e insultante no muestra un temor reverente por Dios, frente a quien un día todos juzgaremos. Considere cuidadosamente Hebreos 10:30-31.

La gracia no nos da licencia para pecar, ¡nos da el poder de no pecar! Este poder de Dios es Su Espíritu Santo. En este pasaje, se le llama el "Espíritu de gracia."

HABLEMOS CON DIOS

Padre Dios, me arrepiento de todas las formas en las que he insultado a Tu Santo Espíritu. Gracias por el sacrificio de Jesús. Por favor identifique y ayúdeme a apartarme de cualquier pecado intencional en mi vida. No quiero insultar al Espíritu de gracia. Gracias Padre. En el maravilloso Nombre de Jesús oro, Amén.

ESCUCHA AL ESPÍRITU

Estudie Hebreos 10.

No Contristéis al Espíritu Santo

Efesios 4:30

"No agravien al Espíritu Santo de Dios, con el cual fueron sellados para el día de la redención."

El diccionario Webster define "llorar" como causar angustia emocional, dolor o una carga indebida. La palabra griega traducida en este pasaje como "afligir" también significa causar tristeza. El contexto del pasaje que rodea este versículo contiene instrucciones específicas y prácticas para la vida cristiana.

En Efesios 4:29-32, Pablo nos está instruyendo sobre el comportamiento que no debe ser parte de nuestro caminar diario, y la mayor parte involucra nuestras palabras y acciones que se derivan de conversaciones malsanas de cualquier tipo. Por ejemplo, nuestras palabras pueden representar la ira y llevarnos a peleas, tanto físicas como verbales. Es posible que estemos albergando amargura y resentimiento por algo que alguien más hizo o dijo. Podríamos estar "hablando basura" o deseando venganza hacia ellos.

Todo este comportamiento y habla entristece al Espíritu Santo de Dios. Estas cosas se oponen directamente a los atributos y fruto del Espíritu Santo que Él desea traer a nuestras vidas. Pablo nos dice que seamos amables y compasivos unos con los otros, y que seamos rápidos en perdonar todas las ofensas contra nosotros de la misma manera que Cristo nos ha perdonado.

Las palabras que decimos deben seleccionarse cuidadosamente para edificar a otros, no para derribarlos. Nuestros pensamientos, palabras y acciones deben ser positivos en todos los sentidos, no negativos en ningún aspecto.

HABLEMOS CON DIOS

Querido Padre Celestial, por favor ayúdame a ser más sensible hoy para hablar y actuar de maneras que te agraden, edifiquen a otros y representen positivamente a Cristo ante todos los que me rodean. Padre, no quiero entristecer al Espíritu Santo. Gracias Señor. En el maravilloso Nombre de Jesús oro, Amén.

ESCUCHA AL ESPÍRITU

Estudie Efesios 4; 1Tesalonicenses 5:19; Isaías 63:10.

No Apagues El Espíritu Santo

1 Tesalonicenses 5:16-19

"Estén siempre alegres, oren sin cesar, den gracias a Dios en toda situación, porque esta es su voluntad para ustedes en Cristo Jesús. No apaguen el Espíritu."

El diccionario Webster define "apagar" como apagar, extinguir o someter. La palabra griega traducida en este pasaje como "apagar" también significa apagar. El contexto del pasaje que rodea este versículo contiene las instrucciones de Pablo a los cristianos de Tesalónica con respecto a su interacción entre ellos, el mundo y Dios.

Uno de los frutos del Espíritu, y un atributo de carácter de Jesús, es el gozo. Expresar gozo puede convertirse en una expresión constante más natural de un cristiano cuanto más uno se concentra en las cosas que importan para la eternidad. Pensar en la fidelidad constante de Dios hacia nosotros, incluso cuando fallamos en nuestra fe hacia Él, nos hace sentir gozosos en medio de las pruebas.

A primera vista, "rezar continuamente" parece imposible, o al menos, muy poco práctico. Sin embargo, la oración es una conversación con Dios, y dado que Su Espíritu Santo siempre está en nosotros y con nosotros, una discusión continua con Él durante nuestro día normal puede convertirse en un proceso natural. Después de todo, Él es nuestro Amigo, Ayudante y Consejero, alguien con quien podemos conversar a menudo.

Una actitud de gratitud, o agradecimiento continuo y sincero hacia Dios, resulta naturalmente cuanto más nos enfocamos en todo lo bueno que Él ha hecho y está haciendo en nuestras vidas.

Si no estamos alegres, orando y agradecidos, apagamos el Espíritu Santo de Dios.

HABLEMOS CON DIOS

Padre Dios, por favor ayúdame a mantener una actitud de conversación constante con el Espíritu hoy mientras también expreso gozo y agradecimiento sincero por mi salvación y nueva vida en Cristo Jesús. Hoy quiero hacer tu voluntad. Gracias Señor. En el magnífico Nombre de Jesús oro, Amén.

ESCUCHA AL ESPÍRITU

Estudio 1 Tesalonicenses 5.

Regalo de Dios

Mateo 1:18, 20

*"El nacimiento de Jesús, el Cristo, fue así: Su
madre, María, estaba comprometida para
casarse con José, pero, antes de unirse a él,
resultó que estaba encinta por obra del Espíritu
Santo. — Pero, cuando él estaba considerando
hacerlo, se le apareció en sueños un ángel del
Señor y le dijo: José, hijo de David, no temas
recibir a María por esposa, porque ella ha
concebido por obra del Espíritu Santo."*

En nombre de la humanidad, una niña inocente recibió el regalo más magnífico: Jesús fue concebido
en María por Dios, el Espíritu Santo.

Esta Intervención Divina en la historia debe ser el
evento más significativo de toda la eternidad. Dios se in-
yecta a Sí mismo en un espacio tridimensional, restricti-
vo y caído para asumir el castigo por todos los pecados,
para siempre, para que podamos tener la oportunidad
de elegir si tendremos una relación personal íntima con
nuestro Padre Celestial Dios.

Su Espíritu Santo ejerció el máximo Poder Creativo para lograr esto. De manera similar a la creación en el principio, donde el Espíritu se cernía sobre la espera profunda para llevar a cabo la Palabra, la Presencia del Espíritu vino sobre María para crear la Palabra viva, Jesús. Más adelante en el nuevo testamento, aprendemos que el Espíritu Santo también estuvo íntimamente involucrado en la creación de Su Cuerpo: la Iglesia.

Como María, ¡recibamos este Regalo Supremo de Dios, Su Hijo, Jesús!

HABLEMOS CON DIOS

Padre celestial, gracias por tu don más preciado, Jesús. Por favor ayúdame a apreciar más plenamente todas las formas en que ejercitas Tu Poder Creativo a través de Tu Espíritu Santo para salvarme y transformarme a mí y a toda la humanidad. Gracias Señor. En el magnífico Nombre de Jesús oro, Amén.

ESCUCHA AL ESPÍRITU

Estudie Mateo 1:18-25; Lucas 1: 26-38; Génesis 1:1-2; Juan 20:21-22; Hechos 2:1-4.

El Espíritu Sobre Jesús

Mateo 3:16

*"Tan pronto como Jesús fue bautizado, subió
del agua. En ese momento se abrió el cielo, y él
vio al Espíritu de Dios bajar como una paloma y
posarse sobre él."*

Ayer aprendimos cómo el Espíritu Santo descendió sobre María en beneficio de toda la humanidad. Hoy, vemos al Espíritu viniendo sobre Jesús por Él; y, a través de Él, por nosotros.

Cuando Jesús estuvo listo para comenzar oficialmente Su ministerio terrenal, se presentó en una demostración pública de sumisión a Dios el Padre. Nuestro Padre expresó Su completo placer con Su Hijo y envió Su Espíritu sobre Jesús. A Juan el Bautista, el Espíritu se le apareció como una paloma y permaneció sobre Jesús.

El Padre dio poder al Hijo con todo lo que necesitaría para completar Su misión de rescate. En el Antiguo Testamento, vemos que el poder de la unción del Espíritu viene sobre alguien para una tarea en particular, pero se retira más tarde. Cuando vino sobre Jesús, el Espíritu permaneció.

En Pentecostés, bajo un cielo abierto, el Espíritu Santo vino sobre nosotros como creyentes para que pudiéramos tener el poder de cumplir nuestra misión. Jesús nos envió a discipular y bautizar a otros, pero no nos envió solos; Él y el Padre nos dieron su Espíritu Santo. ¡El Padre se complace en nosotros cuando le permitimos quedarse!

HABLEMOS CON DIOS

Dios Padre, por favor muéstrame cómo albergar más fielmente Tu Presencia, el Espíritu Santo, en mi vida. Quiero aprender a permitir que el Espíritu tenga más libertad en la forma en que me guía, y quiero seguir obedientemente sin dudarlo. Gracias Padre. En el poderoso Nombre de Jesús oro, Amén.

ESCUCHA AL ESPÍRITU

Estudie Mateo 3; Lucas 3:21-22.

El Espíritu Guió a Jesús

Lucas 4:1-2

"Jesús, lleno del Espíritu Santo, volvió del Jordán,
y fue llevado por el Espíritu al desierto Allí estuvo
cuarenta días y fue tentado por el diablo."

Jesús estaba lleno del Espíritu Santo y era guiado por el Espíritu. Si Jesús necesitaba el Espíritu Santo, ¡nosotros también!

El comienzo de la primera etapa del ministerio de Jesús no fue en el Templo, ni entre la multitud de personas que más tarde lo rodearían; más bien, estaba en el desierto con solo el Espíritu Santo de Su Padre. Allí, en el desierto, el hombre Jesús aprendió a seguir al Espíritu Divino.

Fue sostenido durante cuarenta días de prueba y se le otorgó el poder de decir "no" a las tentaciones de Satanás. Cuando el enemigo presentó un argumento tentador, Jesús fue guiado por el Espíritu a usar la Palabra para contrarrestar específicamente a Satanás para lograr el éxito. No necesitaba nada más que la Palabra y el Espíritu para vencer toda tentación.

De manera similar, en nuestra propia experiencia en el desierto, debemos ser guiados por el Espíritu y envalentonados por la Palabra de Dios. Debemos ser capaces de contrarrestar tentaciones específicas con escrituras relevantes para la victoria. Debemos estar dispuestos a ser guiados por el Espíritu para que aprendamos y crezcamos a través de cada prueba.

Debemos estar llenos del Espíritu todos los días. Vea Efesios 5:15-20.

HABLEMOS CON DIOS

Querido Dios Padre, por favor revélame más de ti mismo a través de tu Espíritu Santo, hoy. Quiero ser continuamente lleno y guiado por Tu Espíritu. Jesús, por favor ayúdame cuando me enfrente a tentaciones y pruebas hoy, para utilizar la Palabra y el Espíritu para vencer. En el nombre de Jesús oro, amén.

ESCUCHA AL ESPÍRITU

Estudie Lucas 4; Mateo 4:1-17; Efesios 5:15-20.

El Espíritu Ungió a Jesús

Lucas 4:14, 18

*"Jesús regresó a Galilea en el poder del Espíritu,
y se extendió su fama por toda aquella región.
El Espíritu del Señor está sobre mí, por cuanto me
ha ungido para anunciar buenas nuevas a los
pobres. Me ha enviado a proclamar libertad a
los cautivos y dar vista a los ciegos, a poner en
libertad a los oprimidos,..."*

La unción de Jesús por el Espíritu Santo debe haber sido tan evidente para todos con quienes entró en contacto, que inmediatamente comprendieron que no era un rabino o profeta ordinario. La gente se sintió atraída por Él y por Su singularidad.

En su primer discurso público en una sinagoga, proclamó que era el ungido que Isaías había escrito unos 700 años antes. Encontró el lugar en el rollo de Isaías, leyó la profecía y proclamó que se había cumplido en él.

La misma unción disponible para Jesús también está disponible para nosotros. Nuestro desafío es aprender a someternos, permitir que su Espíritu Santo nos guíe y estar dispuestos a ser obedientes rápidamente. Hay multitudes que necesitan escuchar las Buenas Nuevas para poder liberarse de toda forma de esclavitud. Cuando vean la unción sobre nosotros mientras nos volvemos más como Jesús, el Espíritu los atraerá al Padre.

¡Estás ungido y designado! Vive así.

HABLEMOS CON DIOS

Padre, te doy gracias porque por tu gracia, el mismo Espíritu, que ungió a Jesús vive en mí. Por favor ayúdame a ser más sumiso y obediente para que Tu Santo Espíritu impacte a otros a través de mí hoy. Gracias Padre. En el poderoso Nombre de Jesús oro, Amén.

ESCUCHA AL ESPÍRITU

Estudie Lucas 4:14-44; Isaías 61:1-4; Hechos 2:22; Hechos 10:37-38.

El Espíritu Testifica de Jesús

Juan 15:26

*"Cuando venga el Consolador, que yo les enviaré
de parte del Padre, el Espíritu de verdad que
procede del Padre, él testificará acerca de mí."*

El Espíritu Santo siempre testificará de Jesús. El Espíritu nos señala a Cristo, nos guía en los caminos de Cristo y desea conformarnos cada vez más a la imagen misma de Cristo Jesús. Si siente una "guía" que no coincide con Cristo Jesús y Sus caminos, no está siguiendo la voz del Espíritu Santo.

Jesús nos envió un Ayudante, Abogado, Amigo y Guía. El Espíritu Santo es el Don Supremo disponible para nosotros de la Persona del Último Sacrificio que se proclamó a Sí mismo como la Verdad.

La Fuente de toda la Verdad es el Espíritu del Padre de quien se nos dio el don más preeminente, Jesús. El corazón del Padre es Jesús. El Espíritu del Padre es la Verdad. ¿Cómo podría testificarnos de alguien que no fuera Jesús?

Nuestro deseo supremo debe ser la búsqueda diaria de una relación más profunda e íntima con Dios el Padre, Dios el Hijo y Dios el Espíritu Santo. La escritura de hoy revela más acerca de cada Persona en la Deidad.

Conocer a las Personas de Dios individuales nos ayuda a tener una relación más profunda y significativa con Dios. Estudie a las personas. Aprenda a relacionarse con la singularidad de cada persona.

Se trata de relaciones, no de religión.

HABLEMOS CON DIOS

Te doy gracias, Dios Padre, por el Espíritu de la Verdad, el Espíritu Santo, que siempre me enseñará acerca de Jesús. Padre, muéstrame cómo desarrollar una relación más íntima con cada una de las Tres Personas de Dios. Gracias Señor. En el poderoso Nombre de Jesús oro, Amén.

ESCUCHA AL ESPÍRITU

Estudie Juan 15; Juan 14:6; Juan 8:32; Juan 1:14,17.

El Espíritu Resucitó a Jesús

Romanos 8:11

"Y, si el Espíritu de aquel que levantó a Jesús de entre los muertos vive en ustedes, el mismo que levantó a Cristo de entre los muertos también dará vida a sus cuerpos mortales por medio de su Espíritu, que vive en ustedes."

Romanos 1:4

"pero que según el Espíritu de santidad fue designado con poder Hijo de Dios por la resurrección. Él es Jesucristo nuestro Señor."

Si realmente te detienes a considerar el significado y la realidad de estas dos escrituras, casi te dejará boquiabierto y abrumará tu corazón. Léelos de nuevo. Pídale a su Maestro, el Espíritu Santo, que le explique su significado.

La vida abundante que Jesús vino a darnos (ver Juan 10:10) está disponible instantáneamente para nosotros ahora mientras continuamos nuestro viaje terrenal. ¿Cómo? Por el mismo Espíritu que contribuyó a devolver la Vida a nuestro Salvador y Señor.

Fue la resurrección de Jesús la que asestó el golpe mortal a nuestro enemigo. La Palabra nos dice que el Poder de Dios para lograr esto fue administrado por el Espíritu de Santidad, Su Espíritu Santo, quien por este acto solidificado a Jesús como el Hijo de Dios y lo coronó Rey de reyes.

¡Santo de Dios, este es el mismo Espíritu que habita en ti! Medita en 1 Corintios 3:16, 6:19.

HABLEMOS CON DIOS

Gracias, Padre, por Tu Espíritu de Santidad que resucitó a Jesús de entre los muertos. Querido Jesús, ayúdame a aprender a rendirme totalmente al liderazgo del Espíritu momento a momento. Padre, te agradezco que todo lo que necesito para una vida abundante ya habita en mí y a través de mí por Tu Santo Espíritu. En el poderoso Nombre de Jesús oro, Amén.

ESCUCHA AL ESPÍRITU

Estudie Romanos 8; 2 Corintios 4:13-14; 1 Pedro 3:18; Juan 10:10; 1 Corintios 3:16, 6:19.

No Eres Tuyo

1 Corintios 6:19-20

"¿Acaso no saben que su cuerpo es templo del Espíritu Santo, quien está en ustedes y al que han recibido de parte de Dios? Ustedes no son sus propios dueños; fueron comprados por un precio. Por tanto, honren con su cuerpo a Dios."

Dios ya no habita en templos hechos por el hombre; más bien, vive en el cuerpo del creyente renacido, un templo que Dios hizo. El precio que pagó por esto fue la Sangre de Su Hijo, Jesús.

Cuando nacemos de arriba, Dios envía su Espíritu Santo para que viva en nosotros. Quiere vivir en un cuerpo limpio. La obra del Espíritu de santificación progresiva nos hace cada vez más santos y nos distingue para un mayor servicio a Dios.

Nuestro trabajo es participar con el Espíritu Santo en este trabajo de limpieza buscando una relación íntima con Él todos los días para que podamos entregarle de manera más voluntaria y completa cada parte de nuestras vidas a Él. Es fundamental someterse a Su voz apacible y delicada para guiarnos por el camino angosto.

Debemos darnos cuenta de que ya no nos pertenecemos a nosotros mismos; pertenecemos a Dios. Es Su elección y responsabilidad hacernos a la imagen de Jesús, pero debemos querer permitírselo. También debemos ser buenos administradores de nuestro templo.

Piense adónde va y qué hace. Dios está contigo.

HABLEMOS CON DIOS

Dios Padre, atesoro Tu Presencia. Por favor, hazme más consciente de que Tu Espíritu Santo me acompaña a donde quiera que voy. Espíritu Santo, ayúdame a recordar que estás aquí conmigo en todo lo que estoy haciendo. Quiero ser sensible a tu liderazgo. En el nombre de Jesús, amén.

ESCUCHA AL ESPÍRITU

Estudie 1 Corintios 6; 1 Corintios 3:16;
Efesios 2:22; Juan 20:21-22.

Dones de Manifestación Espiritual

1 Corintios 12:7-11

*"A cada uno se le da una manifestación
especial del Espíritu para el bien de los demás.
A unos Dios les da por el Espíritu palabra de
sabiduría; a otros, por el mismo Espíritu, palabra
de conocimiento; a otros, fe por medio del
mismo Espíritu; a otros, y por ese mismo Espíritu,
dones para sanar enfermos; a otros, poderes
milagrosos; a otros, profecía; a otros, el discernir
espíritus; a otros, el hablar en diversas lenguas; y
a otros, el interpretar lenguas. Todo esto lo hace
un mismo y único Espíritu, quien reparte a cada
uno según él lo determina."*

E l Espíritu Santo manifiesta Su Poder en los creyentes para el beneficio de otros a través de varios dones visibles y / o audibles. Él elige el momento y la persona a través de quien manifestarlos dependiendo de las circunstancias particulares y la voluntad de un humilde creyente para permitirle mostrar su don a través de ellos.

Si nosotros, por nuestra propia voluntad, intentamos ejercitarlos, no estamos operando en Su unción. Sin embargo, debemos ser sensibles para responder a Sus indicaciones cuando Él está tomando la decisión de qué hacer y cuándo hacerlo. Entonces Él obrará en nosotros y a través de nosotros para lograr lo que Él determine.

Esta sumisión y obediencia de nuestra parte requiere una fe infantil. Solo como niños entraremos en la obra del Reino que Dios está haciendo en la tierra.

Estar dispuesto. Estar disponible. Ser obediente.

HABLEMOS CON DIOS

Gracias, Padre, por los muchos dones que manifiestas por Tu Espíritu Santo en y a través de mí para el beneficio de los demás. Muéstrame cómo participar mejor en la obra de Tu Reino. Gracias Señor. En el poderoso Nombre de Jesús oro, Amén.

ESCUCHA AL ESPÍRITU

Estudie 1 Corintios 12.

Fruto Espiritual

Gálatas 5:22-23

"En cambio, el fruto del Espíritu es amor, alegría, paz, paciencia, amabilidad, bondad, fidelidad, humildad y dominio propio. No hay ley que condene estas cosas."

Lo he escuchado enseñar que hay un fruto espiritual, el amor, y que los otros ocho atributos fluyen de ese único don. Otros enseñan que la palabra "fruto" aquí es en realidad plural en griego, y que los nueve atributos son frutos individuales que produce el Espíritu.

De cualquier manera, estos atributos deben realizarse en nosotros como cualidades de carácter de Cristo. El Espíritu desea producirlos en una medida cada vez mayor en la vida de los creyentes totalmente rendidos. La voluntad de Dios es que seamos hechos a imagen de Su Hijo. Ver Romanos 8:29.

Como pámpanos, debemos permanecer, o permanecer, en la Vid, Jesús. La fuerza vital, la savia, que fluye a través de las ramas de la vid ha sido comparada con el Espíritu Santo. El creyente no se esfuerza por producir fruto por sus propios esfuerzos. Más bien, el Espíritu Santo produce fruto de forma natural a medida que nos mantenemos conectados con Jesús.

La Palabra nos dice como es Jesús, así somos nosotros en este mundo (1 Juan 4:17). Cuando Él sea revelado, seremos como Él (1 Juan 3:2). No existe ninguna ley natural que impida que el Espíritu Santo produzca en nosotros todas las cualidades de carácter de Cristo.

No se interponga en su camino. Deje que el Espíritu actúe.

HABLEMOS CON DIOS

Dios Padre, te agradezco por el fruto que produces por el Espíritu Santo en y a través de mí para hacerme más como Jesús. Padre, por favor ayúdame a morar intencionalmente en la Vid para que el Espíritu fluya. Quiero ser cada día más como Jesús. Gracias Padre. En el poderoso Nombre de Jesús oro, Amén.

ESCUCHA AL ESPÍRITU

Estudie Gálatas 5; Colosenses 3:12-17; Juan 15:1-17; 1 Juan 3:2, 4:17; Romanos 8:29.

El Maestro Perfecto

Juan 14:26

"Pero el Consolador, el Espíritu Santo, a quien el Padre enviará en mi nombre, les enseñará todas las cosas y les hará recordar todo lo que les he dicho."

Salmo 32:8

"El Señor dice: Yo te instruiré, yo te mostraré el camino que debes seguir; yo te daré consejos y velaré por ti."

Incluso nuestros profesores favoritos cometieron errores. El Espíritu Santo nunca lo hace. Esos mismos profesores se especializaron en una o dos materias. El Espíritu Santo perfectamente ¡sabe todo!

Jesús quería que sus discípulos supieran con certeza que no se quedarían solos para llevar a cabo la Gran Comisión. Les aseguró que Él y el Padre sabían que necesitaban un Ayudador, Maestro y Consejero que les enseñara diario cómo aplicar las verdades que Jesús les había dado y que les recordara todo lo que Él les había enseñado.

Quería que tuvieran un consejo continuo para una dirección clara y el poder de Dios para el éxito del Reino. Era tan importante para ellos que se les instruyó que no fueran a ningún lado ni hicieran nada hasta que hubieran recibido el poder de lo alto y el don que el Padre les había prometido: el Espíritu Santo.

Asimismo, necesitamos dirección, instrucción y consejo para lograr los planes que el Padre y el Hijo tienen para nosotros. A medida que continuamos leyendo y absorbiendo la Palabra, necesitamos que nuestro Ayudador nos recuerde los versículos. Clave esos versiculos en momentos críticos cuando el enemigo nos tienta. ¿No te alegra tener al maestro perfecto?

HABLEMOS CON DIOS

Querido Dios Padre, sé que necesito Tu dirección hoy. Te agradezco por enviar Tu Espíritu Santo como mi Maestro y Amigo. Quiero escucharlo y obedecerlo hoy. En el Nombre de Jesús oro, Amén.

ESCUCHA AL ESPÍRITU

Estudie Juan 14; Salmo 32.

La Unica Guía Verdadera

Juan 16:13

"Pero, cuando venga el Espíritu de la verdad, él los guiará a toda la verdad, porque no hablará por su propia cuenta, sino que dirá solo lo que oiga y les anunciará las cosas por venir."

Aunque la Deidad se compone de tres Personas distintas del Padre, el Hijo y el Espíritu Santo, siempre están en perfecto acuerdo al instante. Nunca tienen que tener una reunión de estrategia o una votación sobre qué hacer.

En consecuencia, Jesús les dijo a sus discípulos que cada vez que el Espíritu les hablaba o los guiaba de alguna otra manera, podían estar seguros de que estaba hablando por el Padre y el Hijo. Además, podrían saber con certeza que Él siempre proclamaría o revelaría la verdad absoluta porque Él es el Espíritu de la Verdad.

Dado que el Espíritu también es el Espíritu de Profecía en el sentido de que Él siempre tiene el testimonio de Jesús (ver Apocalipsis 19:10), podemos estar seguros de que Él conoce los eventos futuros y puede guiarnos con eso en mente. Podemos confiar en que Él nos dirá las cosas que vendrán a través de una palabra de profecía o sabiduría.

Siempre debemos buscar la guía del Espíritu Santo incluso para las decisiones diarias más simples. Esta es una imagen de verdadera entrega, sumisión y humildad. Lo mejor que debemos saber es que "por nosotros mismos no podemos hacer nada," pero "con Él todo es posible."

HABLEMOS CON DIOS

Gracias, Padre, porque me has dado el Espíritu de la Verdad para vencer todas las mentiras del enemigo. Confío en Ti, Señor, para guiarme día a día hacia mi futuro. Espíritu Santo, te escucharé para guiarme y enseñarme este mismo día. En el Nombre de Jesús oro, Amén.

ESCUCHA AL ESPÍRITU

Estudie Juan 16; Isaías 30:19-21; Juan 14:26; Apocalipsis 19:10.

Convicción

Juan 16:8

"Y, cuando él venga, convencerá al mundo de su error en cuanto al pecado, a la justicia y al juicio;"

Aquellos de nosotros que hemos sido prisioneros, todos pasamos un momento específico en el que nos enteramos de que nos habían condenado por los cargos que se nos imputan. Otra persona o grupo de personas, nos condenó y declaró castigo. Cuando esto sucedió, primero nos etiquetaron como "convictos."

Para un cristiano, la palabra "convencerá" en el versículo de hoy no implica condenación y castigo. Para aquellos de nosotros que estamos en Cristo Jesús, y somos guiados por el Espíritu, no hay condenación. Vea Romanos 8:1-2.

Más bien, el Espíritu Santo nos expone, refuta y convence gentilmente de las áreas de nuestra vida en las que no alcanzamos la justicia de Cristo para que no regresemos a la culpa del pecado en curso. Nuestro Salvador nos ha librado del poder del pecado, y somos libres de tomar decisiones correctas por medio del liderazgo del Espíritu Santo.

El Espíritu nos hace conscientes de la norma de justicia de Dios en Cristo Jesús, nos muestra qué es el pecado y nos da el poder para vencer al mundo.[1] Cuando fallamos, Él nos llama al arrepentimiento. Siempre debemos tener un corazón que desee ser obediente y debemos apresurarnos a arrepentirnos cuando no lo somos. Ver 1 Juan 1:9.

HABLEMOS CON DIOS

Padre Dios, te pido que me des el poder hoy para caminar en la justicia de Cristo. Señor Jesús, quiero escuchar la dirección del Espíritu Santo a lo largo del camino correcto y Su suave convicción si empiezo a divagar. Quiero tener un corazón que siempre desee ser obediente y que se arrepienta rápidamente cuando no dé en el blanco. Gracias, Padre, por Tu gracia. En el Nombre de Jesús, Amén.

ESCUCHA AL ESPÍRITU

Estudie Juan 16; Romanos 8:1-2; 1 Juan 1:9.

---

1 Biblia de estudio Vida en el Espíritu publicada por Zondervan.

El Espíritu Intercede por Nosotros

Romanos 8:26

"Así mismo, en nuestra debilidad el Espíritu acude a ayudarnos. No sabemos qué pedir, pero el Espíritu mismo intercede por nosotros con gemidos que no pueden expresarse con palabras."

Como creyente, nunca nos quedamos solos porque siempre tenemos el Espíritu Santo. Esto también es cierto cuando se trata de la oración.

En el cielo, tenemos a Jesús intercediendo por nosotros (ver Hebreos 7:25; 1 Juan 2:1), y en la tierra, tenemos el Espíritu Santo para ayudarnos cuando no sabemos cómo orar. A veces es difícil expresarnos completamente desde lo más profundo de nuestro ser. Nos quedamos sin palabras antes de sentir una liberación profunda en el anhelo y el esfuerzo asociado con la solicitud.

El Espíritu Santo puede expresar nuestros sentimientos más profundos por nosotros en intercesión cuando "oramos en el Espíritu" con gemidos, sílabas y frases en las que nuestra mente no se involucra. Pablo se refiere a orar con su espíritu y cantar con su espíritu en 1 Corintios 14:15.

Judas 1:20 dice: "Edifíquense en su santísima fe y oren en el Espíritu Santo." ¡La intercesión del Espíritu Santo en nuestro nombre nos hace más fuertes!

HABLEMOS CON DIOS

Padre Celestial, ayúdame a expresar mis peticiones de oración de manera más completa por medio de la intercesión de Tu Santo Espíritu. Señor Jesús, quiero aprender a orar poderosa y eficazmente de cualquier manera que Tú me proporciones. De buena gana y con esperanza me rindo a la expresión del Espíritu Santo de mis necesidades e inquietudes más profundas. Gracias, Padre, por este poderoso misterio. En el nombre de Jesús oro, amén.

ESCUCHA AL ESPÍRITU

Estudie Romanos 8:26-28; Hebreos 7:23-25; 1 Juan 2:1-2; 1 Corintios 14:14-15; Judas 1:20.

El Espíritu Ora la Voluntad de Dios

Romanos 8:27

"Y Dios, que examina los corazones, sabe cuál es la intención del Espíritu, porque el Espíritu intercede por los creyentes conforme a la voluntad de Dios."

Observe que el versículo de hoy comienza con la palabra "Y," por lo que está asociado con el versículo anterior y es un pensamiento continuo. En consecuencia, le sugiero que vuelva a leer Romanos 8:26 y el devocional de ayer.

Nuestro Padre escudriña nuestros corazones. Él nos conoce completamente, y también su Espíritu Santo que vive dentro de cada creyente. Debido a que Él es el Espíritu del Padre y el Espíritu del Hijo, nuestro intercesor, el Espíritu Santo, conoce la perfecta voluntad de Dios para nosotros y ora por nosotros en consecuencia.

Nuestros deseos y anhelos espirituales encuentran su fuente en el Espíritu Santo que habita dentro de nosotros. El Espíritu Santo se une a nosotros para ayudarnos y capacitarnos para ser vencedores en lugar de víctimas en nuestras circunstancias. Pero también actúa además o aparte de nosotros para interceder e intervenir por nosotros apelando al Padre en nuestro nombre por nuestras necesidades de acuerdo con la voluntad de Dios. Cuando estamos desamparados, el Espíritu Santo es verdaderamente nuestro Ayudador.[1]

Qué tremendo beneficio es para nosotros que oremos en el Espíritu y permitamos que el Espíritu Santo ore la perfecta voluntad y plan de Dios para nuestras vidas. ¡El Espíritu conoce el Plan!

HABLEMOS CON DIOS

Gracias, Padre Celestial, por tu Espíritu Santo en mí. Padre Dios, confío en Tu perfecta voluntad y plan para mi vida. Espíritu Santo, te pido que me ayudes a orar por la completa manifestación diaria de la voluntad y el plan del Padre. Gracias, Señor, en el nombre de Jesús, Amén.

ESCUCHA AL ESPÍRITU

Estudie Romanos 8:26-28; 1 Corintios 14:14-15;
Judas 1:20.

---

1 *Biblia de estudio Vida en el Espíritu publicada por Zondervan.*

Trabajando Juntos por El Bien

Romanos 8:28

*"Y sabemos que á los que á Dios aman, todas
las cosas les ayudan á bien, es á saber, á los
que conforme al propósito son llamados."*

Al igual que ayer, observe que el versículo de hoy comienza con la palabra "Y," por lo que este versículo continúa el pensamiento que comenzó en Romanos 8:26. Por lo tanto, sería útil repasar los devocionales de los dos días anteriores para mantener la continuidad.

Cuando permitimos que el Espíritu Santo interceda con suspiros, gemidos y sílabas pronunciadas por nosotros y a través de nosotros, sabemos que está orando la perfecta voluntad de Dios sobre nuestras vidas. Debido a que Él es Dios y conoce la mente del Padre, el Espíritu sabe exactamente qué orar en el momento adecuado en cada circunstancia y cómo expresarlo perfectamente.

Por lo tanto, como un verdadero creyente enamorado y dependiente de nuestro Padre, podemos estar seguros de que Él tomará incluso en las peores circunstancias y lo usamos para nuestro bien cuando permitimos que el Espíritu Santo interceda por nosotros.

En la fe, siempre debemos elegir confiar en Dios con el resultado de cada situación cuando hemos orado completamente con nuestra mente y con nuestro espíritu.

HABLEMOS CON DIOS

Padre Dios, confío en Ti para implementar Tu plan perfecto para mi vida. Me rindo completamente a la intercesión en mi nombre por Tu Santo Espíritu. Padre, te recomiendo todo mi amor y mi confianza, y dependo de ti para que arregles todo para bien en mi vida hoy. En el nombre de Jesús oro, amén.

ESCUCHA AL ESPÍRITU

Estudie Romanos 8:26-28; 1 Corintios 14:14-15; Judas 1:20.

Dirección del Espíritu Santo

Hechos 13:2

"Mientras ayunaban y participaban en el culto al Señor, el Espíritu Santo dijo: Apártenme ahora a Bernabé y a Saulo para el trabajo al que los he llamado."

Para que seamos guiados diariamente por el Espíritu en lugar de la carne, debemos ser obedientes para seguir Su dirección. Cuando habla, escuchamos y hacemos lo que dice.

Los discípulos buscaban al Señor y Su presencia mediante la adoración y el ayuno. En respuesta a su presión por más de Él, el Espíritu Santo les dio dirección. Saulo, que más tarde se llamó Pablo, y Bernabé, respondieron a esta dirección. Por esto, todos deberíamos estar muy agradecidos porque Pablo terminó escribiendo más de la mitad del Nuevo Testamento que estudiamos hoy; y ayudaron a llevar el Evangelio a las naciones.

Muchas personas dicen que nunca han escuchado al Espíritu hablarles. Personalmente, nunca he escuchado una voz audible, pero todos los días siento Sus impresiones en mi mente y corazón, y trato de responder con obediencia instantánea.

Una relación personal íntima con el Padre solo es posible gracias a Jesús; y se desarrolla a través de la comunicación continua del Espíritu con nosotros y nuestra respuesta obediente a Él.

Cuanto más tiempo pasemos a solas con Dios en oración, estudio de la Biblia, adoración y / o ayuno, mejor escucharemos la dirección del Espíritu para nuestras vidas. Siga su dirección.

HABLEMOS CON DIOS

Querido Padre Celestial, por favor ayúdame a aprender a escuchar y obedecer Tu dirección para mi vida a través de Tu Espíritu Santo. Ayúdame a estar quieto y escuchar Tu voz suave y apacible en lo más profundo de mi ser. Quiero aprender a seguir. Gracias Señor. En el nombre de Jesús oro, amén.

ESCUCHA AL ESPÍRITU

Estudie Hechos 13; Isaías 30:19-21; Juan 15:26-27; Juan 16:12-15.

La Palabra Viva

Juan 1:1,14

1 "En el principio ya existía el Verbo, y el Verbo estaba con Dios, y el Verbo era Dios.... Y el Verbo se hizo hombre y habitó entre nosotros. 14 Y hemos contemplado su gloria, la gloria que corresponde al Hijo unigénito del Padre, lleno de gracia y de verdad."

Jesús, el Nombre sobre todos los nombres, se convirtió en la Palabra viva del Padre cuando se encarnó y vino a morar entre nosotros. El Espíritu Santo inició el proceso físico de esta encarnación milagrosa de Jesús con su visita a María.

Jesús manifestó la Gloria del Padre; y la gracia y la verdad del Padre para la humanidad se manifestaron a través de la vida de Jesús. El poder del Espíritu Santo logró las obras poderosas de Dios a través de Jesús, quien intencional y voluntariamente se humilló a sí mismo para ser un hombre guiado por el Espíritu de Dios.

Jesús personificó todo lo que el Padre quiso para nosotros, y fue la manifestación de la Palabra viva y activa de Dios. Su Verdad traspasó los corazones de aquellos a quienes ministró, y pudo discernir los pensamientos y las intenciones de los corazones de todos los que lo encontraron. Fue ungido y guiado por el Espíritu Santo en todos los sentidos, todos los días.

¡Qué magnífico ejemplo tenemos en Cristo Jesús! Nosotros también veremos que la Palabra Viva da fruto en nuestras vidas cuando somos guiados por Su Espíritu todos los días.

HABLEMOS CON DIOS

Padre Dios, por favor dame más revelación acerca de Tu Hijo, Jesús, a través de Tu Palabra hoy. Por favor ayúdeme a escuchar al Espíritu Santo para exponer la Verdad que veo hoy en las Escrituras. Quiero apreciar la Palabra viva. Gracias Señor. En el Nombre de Jesús oro, Amén.

ESCUCHA AL ESPÍRITU

Estudie Juan 1:1-14; Isaías 55:10-11; Apocalipsis 19:13; Hebreos 1:1-3; Colosenses 1:15-20; Colosenses 2:9; Salmo 33:6; Salmo 107:20; Salmo 147:18; Hechos 10:37-38.

El Agente Activo en La Creación

Génesis 1:2

"La tierra era un caos total, las tinieblas cubrían el abismo, y el Espíritu de Dios se movía sobre la superficie de las aguas."

Ayer se nos recordó que Jesús, el Verbo, estaba al principio con Dios en el momento de la Creación. Hoy, vemos que el Espíritu Santo también estaba presente y esperando que el Padre hablara la Palabra.

Nuestro versículo dice que el Espíritu de Dios se movía sobre las aguas. Con aire y agua está el potencial para la vida, y todo el potencial en el Universo surgió de la boca del Padre cuando pronunció la Palabra Viva para que el Espíritu Santo lo implementara. El soplo de Dios, el Espíritu Santo, llevó a cabo la Palabra para crear. El Espíritu Santo es el poder creativo activo del Padre.

El Espíritu no solo estuvo activo en la Creación. También participó activamente en la Encarnación de Jesús, el último Adán (ver Mateo 1:18-23). El Espíritu participó activamente en lamorada de los primeros creyentes (ver

Juan 20:21) y cada creyente desde entonces. La creación de "la Iglesia" con poder fue iniciada por el Espíritu Santo en Pentecostés (ver Hechos 1:4-8 y 2:1-4).

En la Resurrección, el Espíritu Santo fue la fuerza activa que el Padre usó para crear al "Segundo Hombre" al resucitar a Jesús de entre los muertos (ver Romanos 8:11, 29; Hebreos 9:14; y Colosenses 1:18). Finalmente, el Espíritu Santo participó en la creación del "nuevo tú" (ver Juan 3:5 y 2 Corintios 5:17).

HABLEMOS CO2N DIOS

Gracias, mi Padre Celestial, por Tu Palabra Viviente, Jesús, y por darme el poder de la Creación, Tu Espíritu Santo. Hoy, quiero permitir que Tu poder creativo y activo me guíe. Padre, por favor ayúdame a ser un buen seguidor. Gracias Señor. En el Nombre de Jesús, oro, Amén.

ESCUCHA AL ESPÍRITU

Estudie Mateo 1:18-23; Juan 20:21-22; Hechos 1:4-8; Hechos 2:1-4; Romanos 8:11, 29; Hebreos 9:14; Colosenses 1:18; Juan 3:5-8; 2 Corintios 5:17.

DÍA 59
El Espíritu y La Palabra

2 Pedro 1:20-21

"Ante todo, tengan muy presente que ninguna profecía de la Escritura surge de la interpretación particular de nadie. Porque la profecía no ha tenido su origen en la voluntad humana, sino que los profetas hablaron de parte de Dios, impulsados por el Espíritu Santo."

2 Timoteo 3:16

"Toda la Escritura es inspirada por Dios..."

Ayer aprendimos que el soplo de Dios, el Espíritu Santo, llevó la Palabra del Padre. La palabra hebrea traducida como Espíritu en Génesis 1:2 significa aliento o viento. De manera similar, las palabras griegas traducidas como Espíritu y soplo de Dios en las Escrituras de hoy tienen esencialmente el mismo significado. Es decir, las escrituras provienen de la inspiración divina, no de la inspiración de los hombres.

Sabemos que el hombre puede cometer errores; el hombre es falible. Dios es infalible o sin error. Entonces, podemos confiar Las Escrituras deben ser verdaderas e infalibles porque fueron inspiradas por Dios o dadas divinamente por medio del Espíritu Santo.

Los profetas y discípulos que contribuyeron a la canonización de las Escrituras fueron ungidos poderosamente, guiados por el Espíritu Santo y totalmente comprometidos con su llamamiento. De hecho, fueron tan sometidos y apartados para Dios que enfrentaron graves burlas y persecución por hablar. Estoy seguro de que hubo muchas veces que desearon poder estar en silencio pero se sintieron obligados a hablar o escribir de todos modos.

Muchos han pagado un alto precio a lo largo de los siglos por escribir, publicar y compartir la Palabra de Dios. ¡Seguramente, el Espíritu de Dios continúa velando por Su Palabra!

HABLEMOS CON DIOS

Querido Padre Celestial, aprecio mucho tener acceso a través de Tu Santa Palabra a lo que has elegido revelar de Ti mismo a través de las Escrituras inspiradas en el Espíritu Santo. Gracias Señor. En el precioso Nombre de Jesús oro, Amén.

ESCUCHA AL ESPÍRITU

Estudie 2 Pedro 1; Romanos 15:4; Hebreos 4:12; 1 Tesalonicenses 2:13; Juan 10:34-36; Salmo 12.6.

El Espíritu da Luz al Espíritu

Juan 3:6

*"Lo que nace del cuerpo es cuerpo; lo que nace
del Espíritu es espíritu."*

Juan 1:12-13

*"Mas a cuantos lo recibieron, a los que creen
en su nombre, les dio el derecho de ser hijos
de Dios. ¹³ Estos no nacen de la sangre, ni por
deseos naturales, ni por voluntad humana, sino
que nacen de Dios."*

Cuando la Biblia se refiere a que somos "nacidos de
Dios," "nacidos de arriba" y "nacidos de nuevo," está
comunicando la verdadera naturaleza de nuestro
nuevo hombre espiritual. El Espíritu Santo nos lleva a la
salvación y nos crea de nuevo, espiritualmente hablando.
Vea 2 Corintios 5:17.

Como agente activo en la Creación (ver Día 58), el papel del Espíritu Santo para convertirnos en una nueva
creación es crucial y primordial. No podemos recrearnos
a nosotros mismos, pero cuando finalmente nos sometemos a Dios, Su Espíritu Santo comienza a hacer Su obra.

Después de haber "nacido de Dios," el Espíritu Santo comienza en nosotros el proceso de santificación para apartarnos para Dios y hacernos progresivamente más santos.

Los "nacidos de Dios" no pueden hacer del pecado una práctica habitual en sus vidas. Como creyente, los deseos de uno se cambian para amar a Dios con sinceridad y esforzarse de corazón por agradar a Dios y evitar el mal. Esto se logra solo a través de la gracia dada a los creyentes en Cristo, a través de una relación sostenida con Cristo y a través de la dependencia del Espíritu Santo.1 ¿Estás experimentando una nueva vida en Cristo?

HABLEMOS CON DIOS

Padre Dios, quiero darte las gracias por cómo ha cambiado mi vida desde que nací de Dios. Quiero complacerte todos los días, así aprenderé a entregarme más y más al proceso de santificación de Tu Santo Espíritu. Gracias Señor. En el nombre de Jesús oro, amén.

ESCUCHA AL ESPÍRITU

Estudie Juan 3; 2 Corintios 5:17-21; Juan 1:10-13; 1 Juan 3:8-9

---

1 Biblia de estudio Vida en el Espíritu, publicada por Zondervan, artículo sobre "Regeneración."

Encarnación y Espíritu

Mateo 1:18, 20

"El nacimiento de Jesús, el Cristo, fue así: Su madre, María, estaba comprometida para casarse con José, pero, antes de unirse a él, resultó que estaba encinta por obra del Espíritu Santo.... Pero, cuando él estaba considerando hacerlo, se le apareció en sueños un ángel del Señor y le dijo: «José, hijo de David, no temas recibir a María por esposa, porque ella ha concebido por obra del Espíritu Santo."

El Espíritu Santo ha estado involucrado con Jesús desde el principio. Estaban juntos en la Creación (ver Día 58), y el Espíritu Santo fue el poder activo de Dios para venir sobre María y concebir a su precioso hijo, Jesús.

¿Por qué es importante el nacimiento virginal para la fe cristiana? Jesucristo, el Hijo de Dios, tenía que estar libre de la naturaleza pecaminosa que Adán transmitió a todos los demás seres humanos. Debido a que Jesús nació de una mujer, fue un ser humano; pero como Hijo de

Dios, Jesús nació sin ningún rastro de pecado humano. Jesús es completamente humano y completamente divino.1

La única manera de que Jesús naciera sin pecado era que Él fuera concebido por el Espíritu Santo. No se le transmitieron iniquidades en el linaje de un padre natural. Sabiendo esto, querremos cooperar con el proceso del Espíritu Santo de santificarnos para hacernos más santos.

HABLEMOS CON DIOS

Gracias, Padre Celestial, por la concepción sobrenatural y el nacimiento de Jesús. Ayúdame a comprender y apreciar más plenamente el significado de que Jesús sea tanto humano como divino. Ayúdame a aprender a someterme al proceso de santificación de Tu Santo Espíritu en mí. Gracias Señor. En el precioso Nombre de Jesús oro, Amén.

ESCUCHA AL ESPÍRITU

Estudie Mateo 1:18-25; Lucas 1:26-38.

1 *Biblia de estudio de aplicación a la vida, publicada por Zondervan.*

Completo, Dirigido y Empoderado

Lucas 4:1,14

"Jesús, lleno del Espíritu Santo, volvió del Jordán y fue llevado por el Espíritu al desierto. Jesús regresó a Galilea en el poder del Espíritu, y se extendió su fama por toda aquella región."

Oh, qué Dios tan maravilloso servimos. ¡Como Jesús, podemos estar llenos del Espíritu, guiados por el Espíritu y empoderados por el Espíritu! Somos el templo viviente donde podemos albergar la presencia misma de Dios, llenos hasta rebosar con Su unción y envalentonados para difundir las Buenas Nuevas a todos.

Si Jesús necesitaba ser completo, dirigido y empoderado, ¿no es así? ¿Cómo podríamos esperar realmente hacer las cosas que Él hizo sin todo Su Espíritu? Ver Juan 14:12.

Para cualquiera que esté ahora, o haya estado alguna vez, atado a adicciones, depresión o incluso una prisión física, llega un día en que finalmente dejamos nuestro vagar por el desierto y buscamos el Reino. Sin duda, necesitamos todo el poder y la unción del Espíritu Santo para hacer una transición exitosa a un nuevo camino de libertad.

¡Cuando nuestras familias, antiguos amigos y compañeros de trabajo vean la transformación que Dios hizo en nosotros, ¡sus noticias se esparcirán a nuestro alrededor! ¡Nuestro testimonio de una vida verdaderamente cambiada por el poder del Espíritu Santo traerá gloria a Dios el Padre y agradará a nuestro Señor y Salvador, Jesús!

HABLEMOS CON DIOS

Padre Celestial, te confieso mi más sincera necesidad y deseo de ser lleno, guiado y empoderado por Tu Espíritu Santo al igual que Jesús. Señor Jesús, quiero aprender todo lo que pueda sobre albergar Tu Presencia para que mi vida sea transformada total y para siempre y te traiga gloria. Gracias Señor. En el poderoso Nombre de Jesús oro, Amén.

ESCUCHA AL ESPÍRITU

Estudie Lucas 4; Juan 14:12-14; Hechos 10:37-38.

Limpiando Nuestra Conciencia

Hebreos 9:14

"Si esto es así, ¡cuánto más la sangre de Cristo, quien por medio del Espíritu eterno se ofreció sin mancha a Dios, purificará nuestra conciencia de las obras que conducen a la muerte, a fin de que sirvamos al Dios viviente!"

Debido a la muerte en sacrificio, la vida resucitada y la Sangre de Jesús, somos limpiados de nuestro pasado y se nos ha dado el Espíritu Santo para que podamos servir a nuestro Padre con la conciencia tranquila.

Esa es una verdad casi increíble para mí porque recuerdo cuán depravada, pervertida y pecaminosa era mi vida antes de que Jesús me encontrara y me salvara, en prisión en 2009. Sin embargo, testifico que Él ha limpiado mi conciencia; y, cuando el diablo me recuerda mi pasado, ¡le recuerdo su futuro en el lago eterno de fuego!

El Espíritu Santo nos santifica progresivamente después de que verdaderamente nos arrepentimos y nos rendimos a Dios. Él nos enseña la verdad de la limpieza de nuestra conciencia por la Sangre, y el poder disponible para nosotros para servir a Dios con todo nuestro ser. A través de la santificación, somos apartados y progresivamente más santos.

El Espíritu revela la justicia de Dios en Cristo Jesús que nos ofreció debido a Su sacrificio sin mancha. ¡Solo en Él somos contados como justos, para que podamos acercarnos al Padre con confianza! Vea Hebreos 4:16.

HABLEMOS CON DIOS

Padre Dios, estoy muy agradecido por la Sangre limpiadora de Jesús que me permite vivir con una conciencia clara. Padre, te prometo que me arrepentiré rápidamente cada vez que tu Espíritu Santo me convenza cada vez que empiece a desviarme de tu camino angosto. ¡Gracias, Padre, por la nueva vida que se me ha dado en Cristo! En el precioso y poderoso Nombre de Jesús oro, Amén.

ESCUCHA AL ESPÍRITU

Estudie Hebreos 9; Hebreos 4:16; Hebreos 8:10-12; 1 Pedro 1:1-2; 2 Pedro 1:3-4; Hebreos 10:19-22.

Incomparable Gran Poder

Efesios 1:18-20

"Pido también... que sepan ...[19] y cuán incomparable es la grandeza de su poder a favor de los que creemos. Ese poder es la fuerza grandiosa y eficaz [20] que Dios ejerció en Cristo cuando lo resucitó de entre los muertos..."

Durante tantos años me sentí impotente. Mucho antes de ser encarcelado detrás de alambre de púas y barras de acero, fui encarcelado por adicciones, desesperanza, depresión, vergüenza, orgullo, codicia y una miríada de otras ataduras. No pensé que nada cambiaría nunca porque no tenía el poder para cambiarlos. ¿Alguna vez te has sentido así?

Después de que me rindí por completo a Dios mientras estaba en prisión, comencé a aprender sobre el Poder de Dios el Padre que me había puesto a mi disposición a través de Su Espíritu Santo que vive en mí. ¡Ahora tengo el poder! Este poder es el mismo poder que resucitó a Jesús de entre los muertos y lo sentó para siempre en los lugares celestiales. Dios es Todopoderoso, es decir, posee todo el poder.

El hecho de que este mismo Poder en la Persona del Espíritu Santo me guíe, me enseñe, me consuele y me ayude, está casi más allá de la comprensión, ¡pero es verdad! Lo veo manifestar más de esto todos los días en mi vida a medida que aprendo a rendirme más plenamente y someterme en obediencia a Él.

¿Estás experimentando esto cada día más? Buscar. Rendirse. Enviar. Obedecer.

HABLEMOS CON DIOS

Padre Celestial, ayúdame a conocer más acerca del incomparable poder de resurrección que me has dado para vivir la vida abundante que Jesús vino a dar. Padre, te busco hoy con todo mi corazón. Tu Palabra me dice que serás encontrado por mí y que revelarás Tu Poder en la forma de Tu Espíritu Santo. Gracias Señor. En el maravilloso Nombre de Jesús oro, Amén.

ESCUCHA AL ESPÍRITU

Estudie Efesios 1:3—2:10.

DÍA 65

El Espíritu de Santidad

Romanos 1:4

"pero que según el Espíritu de santidad fue designado con poder Hijo de Dios por la resurrección. Él es Jesucristo nuestro Señor."

1 Pedro 1:15

"Más bien, sean ustedes santos en todo lo que hagan, como también es santo quien los llamó."

Fue muy intimidante cuando leí por primera vez lo que Pedro escribió sobre "sé santo." ¿Por qué? Porque sabía lo impío que solía ser, y que nunca seré perfeccionado hasta que vea a Jesús.

La santidad es el objetivo principal de la santificación, que es un proceso continuo. Comienza cuando nos rendimos por primera vez al señorío de Jesús y al liderazgo del Espíritu Santo. Ser "santificado" es ser "apartado"; o ser "santificado."

De nosotros mismos, esta es una tarea imposible. Pero tenemos el Espíritu de Santidad morando en nosotros. Ésta es una de sus principales tareas. En Cristo, el Espíritu nos hace cada vez más santos.

He escuchado a personas decir que todos somos hijos de Dios, pero eso no es cierto. Todos somos "creaciones de Dios," pero Romanos 8:14 dice,... *los que son guiados por el Espíritu de Dios son hijos de Dios."*

¿Estás dispuesto a ser guiado por el Espíritu? ¿Estás dejando que Él haga Su obra en ti para hacerte santo? No te obligará. Debes desearlo.

Sea arcilla moldeable hoy. Quédate en el torno del alfarero.

HABLEMOS CON DIOS

Mi Padre Celestial, quiero permitir que Tu Espíritu de Santidad, el Espíritu Santo, haga Su obra de santificación en mí hoy. Señor Jesús, por favor ayúdame a aprender a someterme voluntariamente a Tus Manos como el Alfarero a través del Espíritu Santo. Gracias Padre, en el poderoso Nombre de Jesús oro, Amén.

ESCUCHA AL ESPÍRITU

Estudie 1 Pedro 1:13—2:12; Romanos 12:1-2;
Colosenses 3:1-17; Romanos 8:5-17.

El Espíritu Glorifica a Jesús

Juan 16:13-14

"Pero, cuando venga el Espíritu de la verdad, él los guiará a toda la verdad, porque no hablará por su propia cuenta, sino que dirá solo lo que oiga y les anunciará las cosas por venir. Él me glorificará porque tomará de lo mío y se lo dará a conocer a ustedes."

Jesús, quien es "la verdad" (Juan 14:6), sabía que necesitaríamos un ayudador y un guía después de que ascendiera al cielo. Él y el Padre enviaron "el don que el Padre prometió" (Hechos 1: 4), el "Espíritu de verdad," para cumplir este papel en nuestras vidas.

Jesús terminó Su obra perfecta y completamente, y el Padre reconoció esta verdad resucitándolo de la tumba y sentándolo sobre todas las cosas para siempre en el Cielo. Jesús reconcilió a la humanidad con el Padre a través de Él mismo por medio de la Cruz y la Resurrección. En esta vida, debemos elegir dónde pasaremos la eternidad, y Jesús nos permitió elegir el cielo solo por gracia, solo a través de la fe, ¡solo en Él!

Sin embargo, hasta que se nos haya dado el Cielo, el Espíritu de Cristo y el Espíritu del Padre, el Espíritu Santo, para representar y glorificar a Jesús. Cuando recibimos la guía y la instrucción del Espíritu, podemos estar seguros de que proviene directamente de Jesús. ¡Cuando obedecemos, estamos glorificando a Dios!

HABLEMOS CON DIOS

Dios Padre, te agradezco por Tu increíble regalo, el Espíritu Santo. Hoy, escucharé la guía y la verdad de Jesús a través de Su Espíritu Santo. Elijo ser guiado por el Espíritu hoy y decido ser obediente a Sus impresiones. Gracias, Padre, por escuchar mi oración; en el Nombre de Jesús, Amén.

ESCUCHA AL ESPÍRITU

Estudie Juan 16; Juan 14:6; Hechos 1:4.

Por Tu Bien

Juan 16:7

"Pero les digo la verdad: Les conviene que me vaya porque, si no lo hago, el Consolador no vendrá a ustedes; en cambio, si me voy, se lo enviaré a ustedes."

Imagínese por unos minutos que fue usted uno de los doce discípulos originales de Jesús. Después de haber pasado todos los días en la presencia muy cercana de Jesús durante más de tres años, estás con Él en la víspera de la Pascua.

Finalmente se da cuenta de que Jesús se "va" después de haber sido dicho varias veces antes de esta misma noche. La ansiedad, la preocupación, el miedo y la confusión deben haberlos atacado a todos en diversos grados.

¿Por qué va y adónde? ¿Realmente regresará por ellos, y cuándo? ¿Cómo se las arreglarán hasta que Él regrese? ¿Podrán continuar su comunión y vivir de la nueva manera que Jesús había estado demostrando todos los días? Jesús les había dicho que serían odiados, perseguidos y echados de la sinagoga. ¿Qué les pasaría sin Jesús?

Entonces Jesús dice que es mejor para ellos que se vaya. ¿QUÉ?!?!? ¿Cómo puede ser esto posible?

Jesús solo podía estar en un lugar a la vez mientras estaba restringido a Su cuerpo terrenal. Pero, explicó, enviaría a otro Ayudante como Aquel que podría estar con ellos en todo lugar, en todo momento, sin importar cuán separados físicamente pudieran estar el uno del otro. Se necesitaron alrededor de cincuenta y tres días, hasta Pentecostés, para que esta verdad finalmente se manifestara. ¡Realmente fue mejor para ellos (y para nosotros) que Jesús fuera!

HABLEMOS CON DIOS

Mi querido Padre Celestial, ayúdame a comprender y apreciar plenamente estas magníficas verdades hoy. Quiero meditar profundamente sobre esto. Gracias Padre. En el Poderoso Nombre de Jesús oro, Amén.

ESCUCHA AL ESPÍRITU

Estudie Juan 16.

Ustedes Son Testigos

Hechos 1:4-5,8

*"Una vez, mientras comía con ellos, les ordenó:
—No se alejen de Jerusalén, sino esperen la
promesa del Padre, de la cual les he hablado:
[5] Juan bautizó con[a] agua, pero dentro de
pocos días ustedes serán bautizados con el
Espíritu Santo…. [8] Pero, cuando venga el Espíritu
Santo sobre ustedes, recibirán poder y serán mis
testigos tanto en Jerusalén como en toda Judea y
Samaria, y hasta los confines de la tierra."*

Cuando eres bautizado con el Espíritu Santo, recibes poder. De hecho, la Biblia indica que el Espíritu Santo es el mismo poder del Dios Todopoderoso presente en esta Tierra. Todo lo que hace el Padre está en y a través del poder de Su Espíritu.

Necesitamos este poder para vivir la vida abundante que Jesús vino a darnos. Nuestras vidas deben transformarse tan gloriosamente que nuestras acciones, carácter, amor y compasión hablen más fuerte a los demás que incluso las mismas palabras que salen de nuestra boca. La gente debería ver tal diferencia en nuestras vidas que sabrían que "habíamos estado con Jesús" Vea Hechos 4:13.

Esto es parte de lo que significa ser un "testigo." Un testigo es aquel que testifica. Un testigo es alguien que estuvo presente en un evento o transacción en particular, quien testificará que ha tenido lugar.

¿Vas a testificar? ¿Qué palabras y acciones va aser usted testigo a los demás hoy?

HABLEMOS CON DIOS

Precioso, Santo Padre Dios, te agradezco sinceramente por Tu Espíritu Santo. A través de tu Espíritu, te pido que me des el poder para ser testigo de toda la obra gloriosa que estás haciendo en mi vida. Gracias Señor. En el Nombre de Jesús oro, Amén.

ESCUCHA AL ESPÍRITU

Estudie Hechos 1: 4—2:41; Hechos 4:13.

Lenguas Habilitadas por El Espíritu

Hechos 2:1-4

"Cuando llegó el día de Pentecostés, estaban todos juntos ... ² De repente, vino del cielo un el de una violenta ráfaga de viento y llenó toda la casa... ³ Se les aparecieron entonces unas lenguas como de fuego se posaron sobre.... ⁴ Todos fueron llenos del Espíritu Santo y comenzaron a hablar en diferentes lenguas, según el Espíritu les..."

Ha habido bastante discurso y escritos sobre esta primera aparición de lenguas habilitadas por el Espíritu en el Nuevo Testamento, así como mucha controversia y confusión.

No conozco todas las respuestas o ramificaciones sobre este regalo que vino con el Poder, pero conozco algunas verdades primordiales que me llevan a querer saber más. Estoy dispuesto a mantener la mente abierta porque quiero absolutamente todo lo que el Espíritu Santo quiere darme poder y bendecirme. ¿Vos si?

De hecho, esto fue profetizado unos 700 años antes en Isaías 28:11 — pero también vea Isaías 28:1-15 para el contexto de todo el capítulo. ¡El versículo 12 indica que hay descanso y renovación para nosotros!

Isaías 28:13 implica que el conocimiento de Su Palabra lo acompaña, e imagino que esto incluye el "Rhema," la Palabra hablada por Dios a la que se hace referencia en Romanos 10:17, donde se nos dice que "la fe viene por el oír ...." Isaías 28:15 habla de protección. Judas 1:20-21 habla de ser edificado.

Descanso, refrigerio, conocimiento, protección y edificación: ¿cree que todo esto puede ser parte de los muchos beneficios de las lenguas? Dios tiene todas las respuestas. Preguntarle.

HABLEMOS CON DIOS

Mi Padre Celestial, te pido con toda sinceridad que reveles progresivamente por qué Tú y Tu Hijo, Jesús, enviaron al Espíritu Santo con el don de lenguas para aquellos que creen y se rinden. Por favor muéstreme todos los muchos beneficios que pretende con este regalo. Confío en que me enseñes. Gracias, Padre, en el maravilloso Nombre de Jesús oro, Amén.

ESCUCHA AL ESPÍRITU

Estudie Hechos 2:1-22; Isaías 28:1-15; Judas 1:20-21; Romanos 10:17.

El Siempre está con Nosotros

Mateo 28:20

*"Y les aseguro que estaré con ustedes siempre,
hasta el fin del mundo."*

En Juan 14:15-20, Jesús explicó que Él y el Padre iban a enviar el Espíritu de la Verdad para ayudar a Sus seguidores y estar con ellos para siempre.

Jesús sabía que Su obra en Su cuerpo terrenal estaba por terminar, pero quería que Sus discípulos, y aquellos que creían en Él a través de ellos, supieran que siempre tendrían un Ayudador, Abogado, Consejero y Amigo. El Espíritu del Padre y el Espíritu de Cristo, es decir, el Espíritu Santo, cumplirían todos estos roles prometidos y Él nunca los dejaría.

Jesús, como hombre, solo podía estar en un lugar a la vez. En Juan 14:12, Jesús dijo que aquellos que lo siguen harían obras más grandes que las que él hizo. Bastante increíble, ¿verdad? Sin embargo, cuando se multiplican todos los esfuerzos de todos los discípulos en diferentes lugares manifestando milagros a través del mismo poder del Espíritu Santo que ungió a Jesús, uno podría imaginarlos como "las obras mayores."

Jesús mismo dijo que todo esto era posible "porque yo voy al Padre." Sabía que el Espíritu Santo que había estado con ellos como la unción de Jesús ahora estaría en ellos (Juan 14:17).

¿Podría ser esta una de las razones por las que les dijo que esperaran hasta recibir poder de lo alto antes de salir a cumplir la Gran Comisión (Mateo 28:18-19)?

HABLEMOS CON DIOS

Padre Celestial, te agradezco tanto que nunca estoy solo. Padre, quiero tener el poder total para hacer las obras de Jesús por el poder y la unción de tu Espíritu Santo. Gracias Padre. Te lo pido en el bendito Nombre de Jesús, Amén.

ESCUCHA AL ESPÍRITU

Estudie Mateo 28:18-20; Juan 14:15-20; Juan 14:12; Éxodo 33:15-16; Josué 1:5-9; Sofonías 3:17; Deuteronomio 31: 8.

Dejemos que el Espíritu Trabaje

Filipenses 2:13

*"pues Dios es quien produce en ustedes
tanto el querer como el hacer para que se
cumpla su buena voluntad."*

Zacarías 4:6

*"No será por la fuerza ni por ningún poder, sino
por mi Espíritu—dice el SEÑOR Todopoderoso—."*

Me asombra que Dios haya decidido llevar a cabo Su obra en la tierra a través de personas imperfectas que están completamente entregadas a Él. Jesús les dijo a sus discípulos que no fueran a ningún lado ni hicieran nada hasta que recibieran el poder de Dios en la forma de su Espíritu Santo.

De la misma manera, cuando nos rendimos, escuchamos y somos obedientes, el Espíritu Santo en nosotros nos llevará a donde Él quiere que vayamos para que Él pueda hacer lo que Él quiere hacer a través de nosotros por los demás. No es nuestra fuerza o poder, sino Su Espíritu.

Dios mismo está trabajando en nosotros para cumplir su voluntad en nuestras vidas y a través de ellas. A medida que aprendemos a someternos plenamente a Su liderazgo y señorío, Él puede producir el fruto en nuestras vidas a través del cual desea beneficiar y bendecir a los demás: amor, gozo, paz, paciencia, bondad, mansedumbre, fidelidad, y autocontrol. Este fruto ciertamente nos enriquece, pero estas cualidades de carácter de Cristo son principalmente beneficiosas para aquellos con quienes estamos en contacto diario.

Debemos permanecer unidos a la Vid (Juan 15:1-5), para que Él pueda producir fruto. Sin Él no podemos hacer nada. El produce fruto que permanece (Juan 15:16).

HABLEMOS CON DIOS

Padre Dios, por tu Santo Espíritu te pido que hagas lo que quieras en mi vida para que yo te traiga placer. Deseo entregarme a Tu Espíritu, quien hará el trabajo en mí y a través de mí. Prometo tratar de no interponerme en Su camino. Gracias Señor. En el precioso Nombre de Jesús oro, Amén.

ESCUCHA AL ESPÍRITU

Estudie Filipenses 2; Juan 15:1-5, 16; Zacarías 4:1-7.

Estás Sellado por el Espíritu

Efesios 4:30

"No agravien al Espíritu Santo de Dios, con el cual fueron sellados para el día de la redención."

¿**D**e qué manera nos sella el Espíritu para el día de la redención?

La palabra griega traducida en este pasaje significa "sellar, poner una marca en un objeto para mostrar posesión, autoridad, identidad o seguridad."

Después de que venimos a Cristo en verdadero arrepentimiento, nos rendimos a Su señorío sobre nuestras vidas y nos sometemos al liderazgo del Espíritu, podemos saber que tenemos seguridad eterna. Él nos ha marcado como Suyos para siempre. Debemos dejar que Él nos "posea" voluntariamente. Antes de Cristo, estaba poseído por espíritus malignos, ¡ahora solo quiero ser poseído por el Espíritu Santo!

Una vez sellados, debemos permitirle que tenga autoridad total sobre nosotros. También debemos reconocer y recibir la autoridad que Cristo Jesús nos ha dado (ver Mateo 28:18). En consecuencia, el enemigo no tiene autoridad sobre nosotros excepto la autoridad que le damos cuando le abrimos la puerta a través del pecado.

El Espíritu Santo nos sella también como signo de identidad. Debemos saber quiénes somos en Cristo. No podemos creer las acusaciones del enemigo contra nosotros; más bien, debemos confesar y creer lo que Dios dice acerca de quiénes somos en Cristo. Meditar y memorizar las escrituras relacionadas con nuestra nueva identidad a diario es importante para combatir las constantes acusaciones y mentiras del enemigo.

HABLEMOS CON DIOS

Gracias, Dios Padre, porque estoy sellado para el día de la redención por el Espíritu Santo. Señor Jesús, ayúdame a comprender la autoridad y la nueva identidad que tengo ahora en Cristo. Gracias porque soy tu posesión y por darme seguridad eterna en Cristo Jesús. En Su Nombre oro, Amén.

ESCUCHA AL ESPÍRITU

Estudie Efesios 4.

El Espíritu Santo Testifica

Hebreos 10:15-17

*"También el Espíritu Santo nos da testimonio de
ello. Primero dice: "Este es el pacto que haré con
ellos después de aquel tiempo —dice el Señor—
Pondré mis leyes en su corazón, y las escribiré
en su mente." Después añade:" Y nunca más me
acordaré de sus pecados y maldades."*

Con el Espíritu Santo, tenemos un testimonio interno que nos da testimonio del Camino y del camino angosto asociado a nuestro caminar cristiano; y nos recuerda el amor incondicional y el perdón de Dios cuando nos extraviamos.

Después de ser salvos, tenemos la gran bendición de la guía diaria del Espíritu Santo, ¡y Él testifica para nosotros! La palabra griega traducida en el versículo 15 como "testifica" significa testificar, dar testimonio, elogiar, hablar bien y responder.

Hemos aprendido que el Espíritu Santo siempre testificará de Jesús, por eso contamos con Su ayuda para saber cómo vivir la vida cristiana de la manera que Jesús instruyó. Si bien tenemos Su Palabra en nuestras Biblias, también tenemos el testimonio interior para hablar bien y recomendarnos la ley del Espíritu de vida en Cristo Jesús.

También tenemos el Espíritu para responder por el hecho de que nuestros pecados son perdonados, y Dios no está reteniendo nuestro pasado en nuestra contra para que ya no estemos atados por la ley del pecado y la muerte (ver Romanos 8:1-2).

¡Qué gran testigo es Él para nosotros! Escúchalo hoy testificarte.

HABLEMOS CON DIOS

Padre Dios, te pido sinceramente que me ayudes a apreciar y escuchar más plenamente el testimonio interior de tu Espíritu Santo hoy. Gracias porque Él es el Espíritu de la verdad y mi propio Ayudador. En el poderoso Nombre de Jesús oro, Amén.

ESCUCHA AL ESPÍRITU

Estudie Hebreos 10; Juan 16:7-15; Romanos 8:1-2.

El Espíritu da Vida Real

Romanos 8:11

"Y, si el Espíritu de aquel que levantó a Jesús de entre los muertos vive en ustedes, el mismo que levantó a Cristo de entre los muertos también dará vida a sus cuerpos mortales por medio de su Espíritu, que vive en ustedes."

El Espíritu Santo no solo habita en un cristiano, sino que también da vida a nuestros cuerpos mortales en formas que no podíamos imaginar antes de la salvación.

Antes de mi salvación en prisión, ahora veo que nunca había vivido la vida al máximo. Incluso cuando tenía un gran trabajo, familia y posesiones materiales, estaba vacío por dentro y no tenía paz ni alegría.

Entonces, cuando de repente y tontamente me alejé de mi familia y mi trabajo, y perdí todas esas posesiones, me sentí abrumado por la depresión, la desesperanza y la desesperación. Yo también estaba todavía vacío y sin paz. Por dentro, estaba lleno de confusión, indecisión, acusaciones y autodesprecio.

Ahora comprendo cada vez más cada día, más lo que realmente significa tener la vida abundante que Jesús vino a darnos (ver Juan 10:10). ¡El mismo Espíritu poderoso que el Padre usó para resucitar a Jesús (ver Día 46) vive en mí, y provee poderosamente todo lo que me faltaba antes de Cristo!

A medida que aprendo a entregarme más plenamente a Él, soy bendecido con más de Su fruto: amor, gozo, paz, paciencia, bondad, mansedumbre, fidelidad y dominio propio. Éstas son las cualidades de carácter de Cristo, ¡y solo en Él está la vida real!

HABLEMOS CON DIOS

Padre Dios, te agradezco por la vida real en Cristo a través de tu Espíritu Santo que vive en mí. Señor Jesús, ayúdame a recordar y escribir algunas de las diferencias entre mi vida antes de la salvación y la actual. Espíritu Santo, ayúdame a celebrar esta nueva vida con gozo, paz y alegría. Gracias, Padre, en el nombre de Jesús te lo ruego, Amén.

ESCUCHA AL ESPÍRITU

Estudie Romanos 8; Juan 10:1-10; Juan 5:24, 39-40.

Fuerza y Animo

Hechos 9:31

"Mientras tanto, la iglesia disfrutaba de paz a la vez que se consolidaba en toda Judea, Galilea y Samaria, pues vivía en el temor del Señor. E iba creciendo en número, fortalecida por el Espíritu Santo."

Cuando estamos en cautiverio de cualquier tipo, hay muchos días en los que especialmente necesitamos fuerza y aliento. Una gran paz habita en nosotros en la forma del Espíritu Santo; y Él proporciona estas cualidades necesarias si se lo permitimos.

Como ya hemos aprendido, el Espíritu Santo administra todo el poder de Dios en esta tierra, y dado que Él vive en nosotros, este poder está disponible para nosotros. Él es nuestro Ayudante, Fortalecedor, Maestro, Animador, Consejero, Amigo y Guía. ¿Cuál es el secreto para que podamos permitirle que trabaje libremente en nuestras vidas?

Creo que este versículo nos dice que el temor del Señor es clave. "El temor del Señor es el principio de la sabiduría, y el conocimiento del Santo es el entendimiento." Vea Proverbios 9:10. El temor del Señor es reverencia, respeto y asombro.

¡Albergamos la presencia misma de Dios! A medida que desarrollemos una relación de intimidad con el Padre, gracias al Hijo, a través del Espíritu Santo, lo conoceremos mejor. En este conocimiento, querremos honrar, amar, reverenciar y respetar la maravilla de Él. Como resultado, queremos hacer nuestro mejor esfuerzo para obedecerle y agradarle.

Cuanto más sintonizados estemos con el Espíritu Santo, más paz, fuerza y aliento nos dará.

HABLEMOS CON DIOS

Padre Dios, quiero comprender más de Tus magníficos atributos. Padre, te pido que me enseñes el temor del Señor por tu Espíritu. ¡Quiero ser fortalecido y animado en Cristo por el Espíritu Santo! Gracias Señor. En el poderoso Nombre de Jesús oro, Amén.

ESCUCHA AL ESPÍRITU

Estudie Hechos 9; Proverbios 9:10.

Fruto de la Vida

Gálatas 5:22-23

"Mas el fruto del Espíritu es amor, gozo, paz, paciencia, benignidad, bondad, fe, [23] mansedumbre, templanza; contra tales cosas no hay ley."

Durante demasiado tiempo, la mayoría de nosotros dio malos "frutos de la carne" que siempre conducen a la muerte descrita en Gálatas 5:19-21, que precede inmediatamente al pasaje de hoy.

El Espíritu Santo en nosotros produce el buen "fruto del Espíritu" que siempre lleva a la vida (ver también el Día 49 sobre cómo permanecer conectados a la Vid). Jesús desea que todos demos fruto y que el fruto dure (ver Juan 15:16).

¿Cómo podemos participar en la obra del Espíritu Santo de producir todo este gran fruto en nuestras vidas?

Estas cualidades de carácter de Cristo enumeradas en el pasaje de hoy surgen en nosotros con mayor abundancia a medida que aprendemos a rendirnos más plenamente al señorío de Cristo Jesús y a someternos por completo al liderazgo del Espíritu Santo.

Mi experiencia es que cuanto más busco y amo a Dios con todo mi corazón, alma, mente y fuerzas; cuanto más deseo ser obediente a Él. Las bendiciones siguen a la obediencia. Para mí, la paz, el gozo, el amor y otros frutos del Espíritu que se manifiestan en mi vida son tan buenas bendiciones que quiero más.

No hay absolutamente ninguna comparación entre el anterior fruto de las tinieblas y la carne que solíamos tener; y la luz y las bendiciones espirituales que tenemos ahora en el fruto de la vida en el Espíritu.

HABLEMOS CON DIOS

Padre Celestial, muéstrame cómo permitir que el Espíritu Santo produzca más fruto espiritual en mi vida. Ayúdame a someterme y rendirme a la obra vivificante del Espíritu Santo para producir fruto que permanece. Gracias Señor. En el bondadoso Nombre de Jesús oro, Amén.

ESCUCHA AL ESPÍRITU

Estudie Gálatas 5; Colosenses 3:12-17; Juan 15:16.

Glorificando a Jesús

Juan 16:14

"Él me glorificará porque tomará de lo mío y se lo dará a conocer a ustedes."

Dado que tenemos el Espíritu de Cristo viviendo en nosotros, podemos estar seguros de que el Espíritu Santo siempre nos guiará por caminos que glorifican a Dios, pero siempre debemos estar dispuestos a seguir el Camino.

Jesús dijo que Él es el Camino, eso significa que Él es el Camino. Sabemos que entramos por la puerta estrecha solo por gracia, solo por fe, solo en Cristo. Pero somos guiados por el camino angosto por nuestro Guía, Amigo, Maestro y Consejero: el Espíritu Santo.

Los problemas surgen con más frecuencia para nosotros cuando reafirmamos nuestro propio señorío sobre nuestras vidas y queremos hacer las cosas a nuestra manera. Nos salimos del camino angosto porque no escuchamos y seguimos la inspiración del Espíritu Santo. Él siempre quiere guiarnos en el camino de Jesús, pero es un caballero y no nos obligará a obedecer.

Debido a la obra terminada de Jesús en la Cruz, todo lo que el Padre tiene está disponible para los verdaderos creyentes por el Espíritu Santo. El Espíritu recibe todo lo que necesitamos diario para permanecer en el camino de la vida abundante ahora y por toda la eternidad, pero debemos elegir a pedir Su liderazgo y seguirlo obedientemente.

Nuestras vidas dan gloria a Dios cuando lo hacemos. Deje que el Espíritu lo lleve por el camino angosto.

HABLEMOS CON DIOS

Gracias, Padre, por Jesús y el Espíritu Santo. Sinceramente quiero escuchar mejor y seguir obedientemente al Espíritu Santo en todo hoy. Por favor, ayúdame. En el poderoso Nombre de Jesús oro, Amén.

ESCUCHA AL ESPÍRITU

Estudie Juan 16; Mateo 7:13-14.

Sediento de Más

1 Corintios 12:13

"Todos fuimos bautizados por[un solo Espíritu para constituir un solo cuerpo —ya seamos judíos o gentiles, esclavos o libres—, y a todos se nos dio a beber de un mismo Espíritu."

Hechos 1: 5

"Juan bautizó con agua, pero dentro de pocos días ustedes serán bautizados con el Espíritu Santo."

El bautismo del Espíritu Santo opera primero al nivel de hacernos a todos parte del Cuerpo de Cristo. Ninguno de nosotros puede venir a Cristo a menos que el Padre los atraiga (Juan 6:44), y esto ocurre cuando el Espíritu nos convence de pecado, justicia y juicio (Juan 16:18). Tras el arrepentimiento genuino y la confesión de fe, nos convertimos en parte del Cuerpo de Creyentes.

Sin embargo, antes de que Jesús ascendiera, les recordó a sus discípulos su promesa de que él y el Padre les enviarían un ayudador que les daría el poder que necesitaban para cumplir la gran comisión (Hechos 1:8; 2:33; Marcos 16:15-20).

Unos días antes habían recibido el Espíritu Santo del Cristo resucitado en Quien ahora creían (Juan 20:22), por lo que luego se convirtieron en parte del Cuerpo de Cristo por el Espíritu. Entonces, justo antes de Su ascensión, Jesús estaba describiendo otro acto del Espíritu: Su bautismo por poder.

A todos se nos da lo mismo que a los discípulos, pero ¿lo queremos? ¿Tenemos sed de más del Espíritu Santo para poder cumplir con nuestra comisión, plan y propósito en particular?

HABLEMOS CON DIOS

Dios Padre, sinceramente tengo sed de más del Espíritu Santo. Por favor lléname de nuevo todos los días. Hoy quiero beber profundamente de Tu Santo Espíritu. Gracias Padre. En el amoroso Nombre de Jesús oro, Amén.

ESCUCHA AL ESPÍRITU

Estudie 1 Corintios 12; Juan 6:44; 16:8, 20:22; Hechos 1:8, 2:33; Marcos 16:15-20.

Vestida de Poder

Lucas 24:49

"Ahora voy a enviarles lo que ha prometido mi Padre; pero ustedes quédense en la ciudad hasta que sean revestidos del poder de lo alto."

Hechos 1:8

"Pero, cuando venga el Espíritu Santo sobre ustedes, recibirán poder..."

¿Qué hace realmente este poder que recibimos del Bautismo del Espíritu Santo como se discutió ayer? ¿Por qué es importante para nosotros? ¿Qué diferencia podemos esperar que haga en nuestra vida como cristianos?

Desde el día de Pentecostés, los discípulos recibieron valentía, fuerza, valor y perseverancia del Bautismo del Espíritu Santo. Tres mil llegaron a la fe ese día, y se dedicaron a la enseñanza de los apóstoles y a su comunión unos con otros. Se llenaron de asombro y se realizaron muchas maravillas y señales milagrosas (ver Hechos 2:41-43).

Quizás Pablo se refería a estar "revestidos de poder"

cuando instruyó a los colosenses a vestirse de compasión, bondad, humildad, mansedumbre y paciencia; y caminar en perdón, amor, paz y agradecimiento (ver Colosenses 3:12-17).

Hermanos y hermanas, en los dos párrafos anteriores, hemos visto que ser revestidos de poder por el Bautismo del Espíritu Santo resultó en audacia, fuerza, valor, perseverancia, devoción, compañerismo, asombro, maravillas, señales, compasión, humildad, mansedumbre, paciencia, perdón, amor, paz y agradecimiento! Por mi propia experiencia personal, puedo testificar que todos estos se manifiestan en cantidades crecientes y con mayor frecuencia en mi vida. Todos están disponibles para ti también.

HABLEMOS CON DIOS

Mi Padre Celestial, te pido que me vistas de poder. Te pido que me refresques, renueves y me vuelvas a llenar con todos los beneficios de tu bautismo en el Espíritu Santo hoy y todos los días. Necesito más de ti, padre. Gracias, en el Nombre de Jesús oro, Amén.

ESCUCHA AL ESPÍRITU

Estudie Lucas 24; Hechos 2:41-43; Colosenses 3:12-17.

DÍA 80
Algo Faltaba

Hechos 8:14-17

"Cuando los apóstoles que estaban en Jerusalén se enteraron de que los samaritanos habían aceptado la palabra de Dios, les enviaron a Pedro y a Juan. 15 Estos, al llegar, oraron por ellos para que recibieran el Espíritu Santo, 16porque el Espíritu aún no había descendido sobre ninguno de ellos; solamente habían sido bautizados en el nombre del Señor Jesús. 17 Entonces Pedro y Juan les impusieron las manos, y ellos recibieron el Espíritu Santo."

¿No es interesante este pasaje? Los nuevos creyentes entraron en fe en Samaria. Los samaritanos no eran completamente judíos desde el punto de vista étnico, por lo que se los despreciaba y se los trataba como ciudadanos de segunda clase. Aquellos de nosotros que hemos estado en prisión, o cualquier otra forma de esclavitud o adicción, podemos identificarnos fácilmente con su tratamiento.

Cuando llegaron Pedro y Juan, seguramente vieron algo que faltaba en estos nuevos creyentes. Su fe, exteriormente representada por el bautismo en agua, los llevó al Cuerpo de Cristo, pero les quedaba algo más por recibir.

Quizás lo que faltaba era el proceso de santificación. Una de las funciones del Espíritu Santo en un creyente es apartarlo para el servicio de Dios y comenzar el proceso de hacerlo más santo.

Dejados a nuestra suerte, somos impotentes para transformarnos a nosotros mismos. Viene solo por el poder del Espíritu Santo que obra en nosotros y a través de nosotros progresivamente con el tiempo a medida que nos sometemos obedientemente a Su liderazgo.

¿Falta algo en tu vida como creyente?

HABLEMOS CON DIOS

Querido Padre Celestial, sinceramente quiero someterme a todo lo que el Espíritu Santo quiera hacer en mí y a través de mí. Espíritu Santo, por favor dame todo lo que veas que falta en mi vida y que agradaría a mi Padre. Gracias Señor. En el nombre de Jesús, amén.

ESCUCHA AL ESPÍRITU

Estudie Hechos 8.

El Espíritu es para Todos

Hechos 10:44-47

"Mientras Pedro estaba todavía hablando, el Espíritu Santo descendió sobre todos los que escuchaban el mensaje.⁴⁵ Los defensores de la circuncisión que habían llegado con Pedro se quedaron asombrados de que el don del Espíritu Santo se hubiera derramado también sobre los gentiles, ⁴⁶ pues los oían hablar en lenguas y alabar a Dios. ⁴⁷Entonces Pedro respondió: —¿Acaso puede alguien negar el agua para que sean bautizados estos que han recibido el Espíritu Santo lo mismo que nosotros?"

L o que sucedió en Pentecostés no fue solo para los 120 seguidores reunidos en el Cenáculo. Tampoco fue solo para los judíos creyentes en Jesús. El regalo estaba disponible para todos, incluso para aquellos que los judíos consideraban forasteros, es decir, los gentiles.

Muchos de nosotros que hemos estado en cualquier forma de esclavitud nos hemos sentido en algún momento como forasteros también. Pero Dios no hace acepción de personas, lo que hizo por uno, lo hará por todos.

Este caso particular es algo digno de mención porque el poder y la unción del Espíritu Santo vinieron sobre aquellos que escucharon el mensaje de Pedro incluso antes de que él terminara. Ni siquiera tuvo un "llamado al altar." ¡La Palabra salió y el Espíritu se movió!

Los que estaban con Pedro estaban convencidos porque los escucharon hablar en lenguas y alabar a Dios. El bautismo del Espíritu Santo emociona y fortalece tanto tu espíritu que no puedes evitar alabar a Dios, y cuando te quedas sin palabras, ¡el Espíritu orará a través de ti de manera sobrenatural!

HABLEMOS CON DIOS

Padre Dios, mientras pienso en el poder del Espíritu Santo, quiero pasar un tiempo alabándote desde mi corazón, alma y espíritu. Al enfocar mi alabanza y gratitud hacia Ti, Padre, te agradezco que mi espíritu sea elevado, animado, renovado y refrescado por Tu Santo Espíritu. Gracias Señor. En el nombre de Jesús oro, amén.

ESCUCHA AL ESPÍRITU

Estudie Hechos 10; Romanos 8:26-28.

¿Recibió Usted?

Hechos 19:1-2

"Mientras Apolos estaba en Corinto, Pablo recorrió las regiones del interior y llegó a Éfeso. Allí encontró a algunos discípulos. —² ¿Recibieron ustedes el Espíritu Santo cuando creyeron? —les preguntó." —"No, ni siquiera hemos oído hablar del Espíritu Santo —respondieron."

Me entristece conocer a tantos buenos hermanos y hermanas en Cristo que ni siquiera han escuchado que hay un Espíritu Santo.

No puedo evitar pensar en cuando Pablo le estaba describiendo a Timoteo cómo sería la humanidad en los últimos días, enumeró una larga lista de características preocupantes y la terminó refiriéndose a los que "tienen apariencia de piedad, pero niegan su poder." Vea 2 Timoteo 3:1-5.

¿Podría Pablo haberse referido a un gran segmento de verdaderos creyentes que son salvos por la eternidad, pero que no experimentan gran parte de la vida abundante disponible para ellos ahora mismo (ver Juan 10:10) porque no reconocen el poder que necesitan?

Cuando somos salvos, no se espera que nos aferremos por el resto de esta vida en la tierra esperando que el Cielo nos colme. No, la vida eterna comenzó el día en que le entregamos nuestro corazón a Jesús, y podemos recibir el don del empoderamiento del Espíritu Santo para que seamos vencedores aquí y ahora, y continúe por toda la eternidad.

¿Recibiste el Espíritu Santo cuando creíste?

HABLEMOS CON DIOS

Querido Padre Celestial, deseo sinceramente comprender más acerca de Tu regalo para mí en la forma del Espíritu Santo; y te pido que me des el poder como vencedor hoy. En el nombre de Jesús, amén.

ESCUCHA AL ESPÍRITU

Estudie Hechos 19; 2 Timoteo 3:1-5; Juan 10:10.

Aviva Las llamas

2 Timoteo 1: 6-7

*"Por eso te recomiendo que avives la llama
del don de Dios que recibiste cuando te impuse
las manos. Pues Dios no nos ha dado un espíritu
de timidez, sino de poder, de amor y de
dominio propio."*

La última carta de Pablo a su hijo en la fe, Timoteo, es más significativa para mí cuando considero el hecho de que Pablo sabía que pronto daría su vida por el evangelio de Jesús. Su carta fue escrita desde la cárcel, aparentemente después de que ya conocía el destino que le esperaba. Supongo que creía que esta podría ser su última oportunidad de escribir.

En ese sentido, le recuerda a Timoteo la fe sincera de su madre y su abuela que Pablo declaró confiadamente residía en Timoteo. Por lo tanto, como creyente sincero, Pablo anima a Timoteo a "avivar el fuego del don de Dios."

En devociones anteriores hemos aprendido sobre el "don de Dios" al que se refiere Pablo, el poder y la unción del Bautismo del Espíritu Santo. En algunas traducciones dice: "aviva el don de Dios que está dentro de ti."

Pablo quiere fortalecer a Timoteo, pero le recuerda a Timoteo que ya tiene todo el poder que necesita para poder caminar en amor con soltura mental para la disciplina, y autocontrol. Todo esto está disponible a través del Espíritu.

¿Eres también un creyente sincero? Aviva las llamas, aviva el don que hay en ti por el Espíritu Santo de Dios.

HABLEMOS CON DIOS

Padre Dios, hoy quiero caminar con valentía, amor y autodisciplina a través de la mente sana de Cristo Jesús que me dio el Espíritu Santo. Ayúdame a avivar las brasas. En el nombre de Jesús, amén.

ESCUCHA AL ESPÍRITU

Estudie 2 Timoteo 1; 1 Corintios 12:4-13.

La Efusión de los Ultimos Días

Joel 2:28-29

"Después de esto, derramaré mi Espíritu sobre todo el género humano. Los hijos y las hijas de ustedes profetizarán, tendrán sueños los ancianos y visiones los jóvenes. En esos días derramaré mi Espíritu aun sobre los siervos y las siervas."

En el contexto de todo el segundo capítulo de Joel, está claro que el Señor mismo está profetizando del "día del Señor" (Joel 2:1-2), después de que Su pueblo, Israel, se reunió en la tierra. Te animo a que te detengas y leas todo el capítulo.

Pedro, en el día de Pentecostés, se refirió a este pasaje al explicar lo que había sucedido, por lo que creía que estaban entonces "en aquellos días" debido al derramamiento del Espíritu Santo.

Ya se han cumplido muchas escrituras proféticas con respecto a los últimos días. De hecho, el Dr. David Jeremías dice que todas las profecías que deben cumplirse antes de la segunda venida de Cristo, de hecho, ya se han cumplido. Podría venir cualquier día.

En vista de esto, el poder y la unción del Espíritu Santo que el Padre quiere derramar sobre sus hijos e hijas se vuelve cada vez más importante cada día que pasa. Romanos 8:14 dice: *"Porque los que son guiados por el Espíritu de Dios, son hijos de Dios."*

Hermanos y hermanas en Cristo, en estos últimos días, debemos tener todo el Espíritu Santo y tomar la decisión diaria de ser guiados por el Espíritu.

HABLEMOS CON DIOS

Querido Padre Dios, hoy por favor vierte en mí más de Ti mismo, a través de Tu Espíritu Santo, para que yo esté desbordado en beneficio de los demás dondequiera que vaya y haga lo que haga. Gracias Señor. Oro esto en el poderoso Nombre de Jesús, Amén.

ESCUCHA AL ESPÍRITU

Estudie Joel 2; Hechos 2:1-22; Romanos 8:14.

Pon a Prueba los Espíritus

1 Tesalonicenses 5:19-22

*"No apaguen el Espíritu, 20 no desprecien
las profecías, 21 sométanlo todo a prueba, 22
aférrense a lo bueno, eviten toda clase de mal."*

1 Juan 4: 1

*"Queridos hermanos, no crean a cualquiera
que pretenda estar inspirado por el Espíritu, sino
sométanlo a prueba para ver si es de Dios, porque
han salido por el mundo muchos falsos profetas."*

Uno de los dones de manifestación del Espíritu Santo es la "distinción de espíritus" (1 Corintios 12:10), y este don está disponible para todos los verdaderos creyentes. El Espíritu nos lo pone a nuestra disposición, pero debemos dejar que Él lo manifieste en nosotros y cuando determine que lo necesitamos (1Corintios 12:11).

Esta es otra razón por la que no debemos apagar el Espíritu, porque tanto Pablo como Juan nos instruyen a probar las profecías, y probar los espíritus, para ver si son de Dios o no. Las falsas enseñanzas y los falsos profetas abundan.

Jesús advirtió repetidamente en Mateo 24, Marcos 13 y Lucas 21, que debemos tener cuidado de no ser engañados en los últimos días previos a Su regreso. Él dijo: *"Porque aparecerán falsos mesías y falsos profetas y realizarán grandes señales y prodigios para engañar, si es posible, incluso a los elegidos."*

Entonces, quiero estar seguro de estar entre "los elegidos," ¿usted no? Estoy convencido de que todos necesitamos el don de manifestación de distinguir o discernir espíritus.

HABLEMOS CON DIOS

Dios Padre, sinceramente deseo poder discernir mejor los espíritus de las falsas enseñanzas o las falsas profecías mediante el don de la manifestación del Espíritu. Por favor ayúdame a aprender a escuchar y obedecer a tu Espíritu Santo. Quiero ser parte de Tus elegidos. En el poderoso Nombre de Jesús oro, Amén.

ESCUCHA AL ESPÍRITU

Estudie 1 Tesalonicenses 5; Mateo 24:4-5,11, 24; Marcos 13:5-6, 22; Lucas 21:8; 1 Corintios 12:10-11.

Inspeccionar la Fruta

Mateo 7:15-17,20

"Cuídense de los falsos profetas. Vienen a ustedes disfrazados de ovejas, pero por dentro son lobos feroces. 16 Por sus frutos los conocerán. ¿Acaso se recogen uvas de los espinos, o higos de los cardos? 17 Del mismo modo, todo árbol bueno da fruto bueno, pero el árbol malo da fruto malo.... 20 Así que por sus frutos los conocerán."

Ayer aprendimos sobre probar los espíritus para no engañarnos. Hoy en día, se nos advierte además sobre los falsos profetas, que creo que incluye a los falsos maestros y los falsos pastores.

No debemos dejarnos engañar por la apariencia externa de alguien, por un discurso halagador o por la imagen que proyecta. Por fuera parecen estar bien, incluso sinceros, pero por dentro pueden ser algo completamente diferente.

Los árboles buenos dan frutos buenos, pero los árboles malos dan frutos malos. Jesús quiere que seamos inspectores de frutas. ¿Qué tipo de fruto espiritual se está produciendo? El fruto del Espíritu es amor, gozo, paz, paciencia, bondad, amabilidad, mansedumbre, fidelidad y autocontrol.

Debemos examinar el fruto espiritual que brotan de esos profetas, maestros y pastores que influyen en nosotros como cristianos. Por el poder y el discernimiento del Espíritu Santo en nosotros, podremos distinguir frutos buenos y malos.

Todo lo que no se alinee con la Palabra es falso. Jesús le dijo al Padre: "Tu palabra es verdad."

HABLEMOS CON DIOS

Padre Celestial, concédeme más de Tu discernimiento espiritual para que pueda juzgar los buenos frutos de los malos. Espíritu Santo, escucharé tus indicaciones hoy mientras inspecciono con cautela el fruto de aquellos que influyen en mi caminar cristiano. En el nombre de Jesús oro, amén.

ESCUCHA AL ESPÍRITU

Estudie Mateo 7; Gálatas 5:22-25; Colosenses 3:12-17.

Fuego y el Espiritu

Hebreos 12:29

"porque nuestro Dios es fuego consumidor."

Hechos 2:3

*"Se les aparecieron entonces unas lenguas
como de fuego que se repartieron y se posaron
sobre cada uno de ellos."*

Lucas 3:16

Él los bautizará con el Espíritu Santo y con fuego."

La Biblia tiene muchas otras referencias que vinculan el fuego con el Espíritu de Dios o el Ángel del Señor. Por ejemplo, también puede consultar: Éxodo 3:2; 24:17, 40:38; Levítico 9:24. Vea también lo que Pablo escribe en 1 Tesalonicenses 5:12-22 donde implica, en el versículo 19, que podemos disminuir el fuego del Espíritu Santo en nuestras vidas al fallar en las acciones y en la habla cristiana.

La palabra "Fuego" trae a la mente muchas cosas diferentes, incluyendo poder, pureza, santidad, destrucción, calidez, seguridad, calor, iluminación, llama, protección, renovación, entusiasmo y celo. Ciertamente, el Espíritu Santo de Dios puede relacionarse con muchas de estas mismas palabras y puede personalizar varias de ellas para nosotros en nuestra vida cristiana.

¿Ha experimentado la pureza, el poder, la seguridad, la iluminación, la protección, la renovación, el entusiasmo y el celo del Espíritu Santo? ¿Ha refinado Él tu vida quemando parte de tu vieja basura en Su obra continua de santificación en ti? ¿Ha sentido personalmente el fuego del bautismo del Espíritu Santo?

HABLEMOS CON DIOS

Dios Padre, quiero comprender mejor los símbolos del fuego asociados con Tu Espíritu Santo. Precioso Espíritu Santo, hoy me entrego a tu obra en mi vida. En el nombre de Jesús oro, amén.

ESCUCHA AL ESPÍRITU

Estudie Éxodo 3:1-6, 24:17, 40:38; Levítico 9:24;
1 Tesalonicenses 5:12-22.

Cristo Vive en Mi

Gálatas 2:20

"He sido crucificado con Cristo, y ya no vivo yo, sino que Cristo vive en mí. Lo que ahora vivo en el cuerpo, lo vivo por la fe en el Hijo de Dios, quien me amó y dio su vida por mí."

Lea este versículo de nuevo lentamente y piense realmente en lo que dice. Al principio parece contradictorio y sin sentido. Sin embargo, hay verdades maravillosas que se pueden experimentar más a diario en nuestras vidas si comenzamos a pensar de esta manera.

Pablo nos dice en otra parte que deberíamos considerar que nuestro "anciano" está muerto (Romanos 6:11), y que somos "nuevas creaciones" en Cristo Jesús. Debemos recordar que las cosas viejas pasaron y todas son hechas nuevas (2 Corintios 5:17).

Debemos considerarnos a nosotros mismos como crucificados con Cristo, y que también nosotros fuimos resucitados de entre los muertos con Él en una nueva vida. El Espíritu de Cristo ahora vive en nosotros, el Espíritu Santo. Quiere vivir Su Vida a través de nosotros.

¡Aquel que nos amó tanto que se dio a sí mismo por nosotros quiere expresar su nueva vida a través de nosotros!

Si vivimos en entrega y sumisión diaria con Su Espíritu en nosotros, y estamos dedicados a obedecer Sus impresiones, realmente estamos viviendo y caminando por fe.

¡Vale la pena memorizar y confesar esta escritura todos los días! Escribe este versículo y llévalo contigo hoy para meditar.

HABLEMOS CON DIOS

Padre Dios, para mí, una de las mayores maravillas y misterios es que quieres vivir tu vida en mí y a través de mí. Ayúdame a entender mejor cómo hacer que sea una experiencia práctica y diaria en mi vida. Gracias Señor. En el nombre de Jesús oro, amén.

ESCUCHA AL ESPÍRITU

Estudie Gálatas 2; Romanos 6:11; 2 Corintios 5:17-21.

Mantente Firme y Agárrate Rápido

2 Tesalonicenses 2:13-15

"Nosotros, en cambio, siempre debemos dar gracias a Dios por ustedes, hermanos amados por el Señor, porque desde el principio Dios los escogió para ser salvos, mediante la obra santificadora del Espíritu y la fe que tienen en la verdad. Para esto Dios los llamó por nuestro evangelio, a fin de que tengan parte en la gloria de nuestro Señor Jesucristo. Así que, hermanos, sigan firmes y manténganse fieles a las enseñanzas que, oralmente o por carta, les hemos transmitido."

La Biblia nos dice que en los últimos días habrá muchos falsos profetas y falsas enseñanzas. Es crucial para nosotros "mantenernos firmes y aferrados" a la instrucción y guía de bíblicas sólidas.

El Espíritu Santo continuará santificándonos después de que lleguemos a la fe mediante a través la fe en la verdad. Debemos dejar que el Espíritu Santo haga Su obra en y a través de nosotros para apartarnos para el servicio de Dios y hacernos progresivamente más santos. Nuestro papel es entregarnos, someternos y ser obedientes.

El Señor Jesús nos ha llamado a servirle; y crecer en nuestra fe y en Su semejanza. Cuanto más tiempo pasemos en oración en la Presencia de Dios diariamente, más podremos discernir correctamente los espíritus de esta era. Si dedicamos un tiempo regular diario para el estudio serio de Su Santa Palabra, entenderemos y aplicaremos correctamente la Verdad a nuestras vidas.

Mantente firme en la Roca. Aférrate a la Verdad.

HABLEMOS CON DIOS

Padre Celestial, por favor dame un corazón que tenga hambre y sed de la Verdad. Espíritu Santo, por favor empodera la aplicación de la Verdad a cada parte de mi vida. Quiero más de Tu Presencia. Gracias Señor. En el nombre de Jesús oro, amén.

ESCUCHA AL ESPÍRITU

Estudie 2 Tesalonicenses 2; Mateo 7:24-27.

Consciencias Cauterizadas

1 Timoteo 4:1-2

*"Pero el Espíritu dice claramente que en los postreros
tiempos algunos apostataran de la fe, escuchando
a espíritus engañadores y a doctrinas de demonios;
por la hipocresia de mentirosos que, teniendo
cauterizada la concenia."*

Como creyentes, el Espíritu Santo quiere entrenar
nuestra conciencia para elegir la santidad que glo-
rifica a Dios y rechazar las filosofías engañosas que
glorifican al yo. Pablo advierte a Timoteo que algunos
cristianos abandonarán su fe en los últimos días.

Habiendo investigado una vez las filosofías de la
"nueva era" antes de venir a Cristo, así como el hindu-
ismo y el budismo, recuerdo que tenían en común el at-
ractivo de uno mismo; por ejemplo, superación personal,
iluminación personal, autoimagen y autoconciencia.

Este enfoque orgulloso en uno mismo comienza a que-
mar la conciencia hacia las cosas de Dios. Alguien que es
consciente de sí mismo no puede ser consciente de Dios al
mismo tiempo. Los maestros hipócritas con la conciencia

cauterizada elevan el "yo" y aplican mal las Escrituras para proveer la autojustificación del pecado. Tener cuidado.

Jesús nos dice que Su Camino es negarse a sí mismo y dejar que el Espíritu Santo nos santifique. Proporciona iluminación a través de Su Palabra. Debemos dejar que el Espíritu Santo nos conforme a la imagen de Cristo, en lugar de tratar de mejorar nuestra imagen pecaminosa que es naturalmente de nosotros mismos. Caminar con humildad en lugar de orgullo nos da la perspectiva adecuada de nuestra nueva vida en Cristo.

Tratar de mejorar nuestro "hombre viejo" y volvernos más autosuficientes, en lugar de depender del Espíritu Santo para moldear nuestro "nuevo hombre" en Cristo, es enfatizar los principios mundanos sugeridos por espíritus engañadores y enseñados por demonios.

HABLEMOS CON DIOS

Padre Dios, sinceramente quiero negarme a mí mismo, mantener una buena conciencia y ser obediente al guía de Tu Espíritu Santo en cada momento. En el nombre de Jesús oro, amén.

ESCUCHA AL ESPÍRITU

Estudie 1 Timotco 4.

Amantes de Sí Mismos

2 Timoteo 3:1-5

"...ten en cuenta que en los últimos días vendrán tiempos difíciles. [2] La gente... serán jactanciosos, arrogantes, blasfemos, desobedientes a los padres, ingratos, impíos, [3] insensibles, implacables, calumniadores, libertinos, despiadados, enemigos de todo lo bueno, [4] traicioneros, impetuosos, vanidosos y más amigos del placer que de Dios. [5] Aparentarán ser piadosos, pero su conducta desmentirá el poder de la piedad."

Es importante señalar que Pablo le estaba escribiendo al pastor de un cuerpo de creyentes, no a un grupo de incrédulos. Aparentemente, estos son signos de las condiciones en la Iglesia en los últimos días. El elevado enfoque en uno mismo que aprendimos ayer (ver Día 90) podría contribuir al engaño de los creyentes desinformados y incautos.

Es descorazonador ver cuántos se han vuelto egoístas y centrados en sí mismos. El énfasis y el crecimiento generalizado de las redes sociales ha impulsado esta inquietante tendencia a la baja. Es más fácil juzgar y criticar a los demás porque se hace desde una distancia segura. Las oportunidades de suscitar divisiones y luchas, incluso entre los miembros de la familia, no tienen precedentes.

El comercialismo grosero, las comparaciones hedonistas, el desprecio inflamatorio y la normalización moralmente desviada se combinan para hacer que la pecaminosidad de todo esto parezca normal. Sin embargo, muchos creen falsamente que su "religión" está intacta. Tener "apariencia de piedad, pero negar su poder," en mi opinión, es cierto para aquellos que no reconocen el poder del Espíritu Santo para convencerlos de pecado y fortalecer su conciencia.

El poder de la piedad es la obediencia al Espíritu Santo.

HABLEMOS CON DIOS

Padre Celestial, ayúdame a ver las áreas que me describen en el versículo de hoy. Quiero arrepentirme y entregarme al Espíritu Santo para que Él me cambie. Realmente quiero ser obediente. Gracias Padre. En el nombre de Jesús, amén.

ESCUCHA AL ESPÍRITU

Estudie 2 Timoteo 3; Gálatas 5:19-21.

El es Mayor

1 Juan 4:4-5

"Ustedes, queridos hijos, son de Dios y han vencido a esos falsos profetas, porque el que está en ustedes es más poderoso que el que está en el mundo. ⁵ Ellos son del mundo; por eso hablan desde el punto de vista del mundo, y el mundo los escucha."

El contexto completo del versículo de hoy puede entenderse más plenamente leyendo el pasaje de 1 Juan 4:1-5 por completo. Juan está advirtiendo a la iglesia acerca de discernir los espíritus debido a los falsos profetas que estaban enseñando en contra de la encarnación, es decir, diciendo que Jesús realmente no vino en carne. Dice que este es el espíritu del anticristo y que ya estaba sucediendo a fines del primer siglo.

En los tiempos actuales, este espíritu del anticristo solo se ha difundido más ampliamente. El punto de vista de gran parte del mundo es negar o restarle importancia a la vida y obra redentora de Jesús. Los cristianos son marginados, burlados y perseguidos. El mundo parece ser "tolerante" con todas las religiones y creencias, excepto con las de los verdaderos cristianos que creen en la Biblia y tratan de vivirla en su vida diaria.

Debemos recordar que tenemos al Espíritu Santo viviendo dentro de nosotros. Él es más grande que cualquier otro espíritu del mundo. Él es quien nos da discernimiento y nos capacita para ser audaces y valientes para mantenernos firmes en Cristo Jesús contra aquellos que disputan la Verdad.

No se deje intimidar. ¡Tú y Dios componen la mayoría! Sea audaz y valiente.

HABLEMOS CON DIOS

Te doy gracias, Padre, porque eres más grande que cualquier espíritu en toda la creación; y que vives en mí por tu Santo Espíritu. Por favor, agudice mi discernimiento sobre los falsos maestros y el espíritu del anticristo. En el Nombre de Jesús, oro, Amén.

ESCUCHA AL ESPÍRITU

Estudie 1 Juan 4; Romanos 8:31; Salmo 34:7;
2 Crónicas 32:7; 2 Reyes 6:16.

Según Su Poder

Efesios 3:16-18, 20

*"Le pido que, por medio del Espíritu y con el
poder que procede de sus gloriosas riquezas, los
fortalezca a ustedes en lo íntimo de su ser,
¹⁷ para que por fe Cristo habite en sus corazones. Y
pido que, arraigados y cimentados en amor,
¹⁸ puedan comprender, junto con todos los santos,
cuán ancho y largo, alto y profundo es el amor de
Cristo; ²⁰ Al que puede hacer muchísimo más que
todo lo que podamos imaginarnos o pedir, por el
poder que obra eficazmente en nosotros,"*

En estos pocos versículos, Pablo se refiere tres veces
al poder de Dios a través del Espíritu Santo. Como
hemos ido aprendiendo, encontramos esto enfatizado en muchos de los escritos de Pablo. Se da cuenta de
lo importante que es y trata de compartir esta magnífica
verdad con todos.

Note que Cristo habita en nuestros corazones, a
través de la fe, por el poder del Espíritu Santo en nuestro ser interior. Jesús mismo no habita literalmente allí

mientras está sentado en lugares celestiales con el Padre (Efesios 2:6); más bien, el Espíritu Santo habita allí.

Me encanta cómo dice Pablo que tendremos poder si estamos "arraigados y establecidos en el amor." Jesús dijo que debemos amar a Dios y amar a los demás. De hecho, debemos amarnos unos a otros como Jesús nos ama (Juan 13:34-35).

Finalmente, Pablo nos dice cómo es que Dios "es capaz de hacer muchísimo más de lo que pedimos o imaginamos." ¿Cómo?¡ De acuerdo con Su poder obrando dentro de nosotros!

Debemos dejar que el Espíritu Santo trabaje en nosotros.

HABLEMOS CON DIOS

Gracias, Padre y Jesús, por enviar tu Espíritu Santo a residir en mí con poder. Hoy, por favor revela más de Tu amor; como quiero estar firmemente establecido en él. En el nombre de Jesús, amén.

ESCUCHA AL ESPÍRITU

Estudie Efesios 3; Efesios 2:6; Juan 13:34-35.

Luchando con Su Energía

Colosenses 1:28-29

"A este Cristo proclamamos, aconsejando y enseñando con toda sabiduría a todos los seres humanos, para presentarlos a todos perfectos en él. ²⁹ Con este fin trabajo y lucho fortalecido por el poder de Cristo que obra en mí."

En el versículo 27, Pablo había revelado el misterio que es "Cristo en vosotros la esperanza de gloria." Luego, Pablo resume aquí, en el versículo 28, las responsabilidades que todos compartimos después de llegar a la fe en Cristo. Qué maravillosa verdad usa para presentarnos las cosas que podemos y debemos hacer en Cristo Jesús.

Como hemos descubierto en el devocional de ayer, Pablo sabe que no está en su propio poder ser quien es en Cristo, y hoy aquí nos dice cómo lo hace. Sin duda, trabajó duro para hacer avanzar el Evangelio y discipular a los que estaban entrando en la fe en las ciudades donde el viajaba.

Dice que trabaja hasta el cansancio y se esfuerza, pero no es por su energía o sabiduría humana, sino por la energía sobrehumana encendida en su interior por el poder del Espíritu Santo. Así es como puede anunciar el Evangelio; y advierte, amonesta e instruye con sabiduría aquellos a quienes quiere ayudar a madurar en Cristo Jesús.

Sigamos su ejemplo de trabajar y luchar por el poder del Espíritu Santo, y no por nuestra propia energía humana.

HABLEMOS CON DIOS

Padre Dios, por favor ayúdame a dejar de lado mis propias obras y someterme, más bien, a la obra del Espíritu Santo en mí y a través de mí. Admito plenamente que necesito Su Poder, no el mío. Gracias Señor. En el precioso Nombre de Jesús oro, Amén.

ESCUCHA AL ESPÍRITU

Estudie Colosenses 1.

Participa en la Naturaleza Divina

2 Pedro 1:3-4

"Su divino poder, al darnos el conocimiento de aquel que nos llamó por su propia gloria y excelencia, nos ha concedido todas las cosas que necesitamos para vivir como Dios manda.
4 Así Dios nos ha entregado sus preciosas y magníficas promesas para que ustedes, luego de escapar de la corrupción que hay en el mundo debido a los malos deseos, lleguen a tener parte en la naturaleza divina."

A veces, para comprender un versículo mejor, es útil examinarlo de abajo hacia arriba. Entonces, comenzando por el final, retrocedamos a través del versículo y vamos a desempacar algo de esta magnífica verdad.

A medida que escapamos progresivamente de la corrupción en el mundo causada por los malos deseos, podemos participar de la naturaleza divina de Dios. Se nos permite participar en Su naturaleza a través de las grandísimas y preciosas promesas que el Padre nos ha dado en Su Hijo y en Su Palabra, después de que nazcamos de nuevo.

Somos elegibles para cumplir con las condiciones para estas promesas, si elegimos ser obedientes, porque Jesús nos ha llamado por Su propia gracia, gloria y bondad como resultado de Su obra en la Cruz y Resurrección. Pero, ¿cómo podemos cumplir estas condiciones por nuestra cuenta?¡

Ya se nos ha dado todo lo que necesitamos para una vida piadosa en Cristo por Su poder divino, el Espíritu Santo.

Entonces, Dios mismo nos ha dado poder para vivir una vida piadosa; beneficiarse de sus promesas; y participar en la Naturaleza Divina, a través de la obra progresiva y santificadora del Espíritu Santo. ¡Es Dios quien hace esto de principio a fin!

HABLEMOS CON DIOS

¡Gracias, Padre, por Tu asombroso plan; promesas, y empoderamiento para una vida piadosa, por el Espíritu Santo, en Cristo Jesús! Estoy muy agradecido de ser tu hijo. En el poderoso Nombre de Jesús, Amén.

ESCUCHA AL ESPÍRITU

Estudie 2 Pedro 1; Hebreos 6:11-12.

Deja que la Palabra More en Abundancia

Colosenses 3:16

"Que habite en ustedes la palabra de Cristo con toda su riqueza: instrúyanse y aconséjense unos a otros con toda sabiduría..."

2 Timoteo 3:16

"Toda la Escritura es inspirada por Dios y útil para enseñar, para reprender, para corregir y para instruir en la justicia."

La Palabra de Dios nunca regresa a Él sin lograr exactamente lo que Él pretendía (Isaías 55:10-11). Debemos ponerlo en nuestro corazón y meditar continuamente sobre su significado y aplicación para nuestras vidas. Debemos dejar que la Palabra viva en nosotros.

Dado que la Palabra está viva (Hebreos 4:12), agrega vida a todo nuestro ser: espíritu, alma y cuerpo. Las Palabras de Dios son "vida para quienes las encuentran y salud para el cuerpo" (Proverbios 4:20-22).

La Palabra se vuelve cada vez más activa en nuestras vidas a medida que la confesamos en voz alta y la meditamos. Al hacerlo, la Palabra está disponible para que el Espíritu Santo la saque de nosotros en el momento adecuado y con el propósito correcto. El Espíritu usa la Palabra para animarnos, enseñarnos, reprendernos, corregirnos y entrenarnos. Mientras nos entrena, podemos ayudar y animar a otros.

El Espíritu siempre nos guiará de manera que se alinee con la Palabra. Discernimos más fácilmente Su voz y liderazgo por lo bien que conocemos y entendemos Su Palabra. Orar fervientemente la Palabra de Dios de regreso a Él hace que nuestras oraciones sean poderosamente efectivas (Santiago 5:16).

HABLEMOS CON DIOS

Pon la Palabra de Dios en lo profundo de tu corazón. Confiesa esto en voz alta y repítelo a menudo hoy:

"Dejo que la Palabra de Cristo more en mí ricamente en toda sabiduría. Su Palabra está viva y activa en mí. Me enseña, me reprende, me corrige y me entrena en la rectitud. ¡Su Palabra siempre logra en mí lo que Él se propone!"

ESCUCHA AL ESPÍRITU

Estudie Colosenses 3; Isaías 55:10-11; Hebreos 4:12; Proverbios 4:20-22; Santiago 5:16.

Conocimiento de la Voluntad del Señor

Colosenses 1:9-10

"Pedimos que Dios les haga conocer plenamente su voluntad con toda sabiduría y comprensión espiritual, [10] para que vivan de manera digna del Señor, agradándole en todo. Esto implica dar fruto en toda buena obra, crecer en el conocimiento de Dios."

Imagínense que cada uno de nosotros leyendo esto diría que queremos tener el conocimiento de la voluntad del Señor para nuestras vidas. ¿Estoy en lo cierto?

Note en esta escritura que este conocimiento está disponible "a través de toda la sabiduría y entendimiento que da el Espíritu." El Espíritu Santo de Dios es quien nos da sabiduría, conocimiento y entendimiento. Debemos estar continuamente en comunión con el Espíritu Santo y comunicándonos con él (ver 2 Corintios 13:14).

Algo que hago a menudo en mis oraciones es pedirle a Dios lo siguiente a través de Su Espíritu Santo en mí: sabiduría, conocimiento, entendimiento, verdad, discernimiento, revelación y aplicación a mi vida. También le pido más valentía y valor para poder servirle mejor.

Creo que todo esto es de vital importancia para mí, buscarlo y recibirlo todos los días para poder "vivir una vida digna del Señor y agradarle en todos los sentidos."

Debemos bañar nuestra mente en la Palabra todos los días. Romanos 12:2 dice que somos transformados por la renovación de nuestra mente para que podamos saber cuál es la voluntad del Señor, Su voluntad buena, agradable y perfecta. Busquemos Su voluntad hoy. Hazlo.

HABLEMOS CON DIOS

Pon la Palabra de Dios en lo profundo de tu corazón. Confiesa esto en voz alta y repítelo a menudo hoy:

"Estoy lleno del conocimiento de la voluntad del Señor con toda sabiduría y entendimiento espiritual. Quiero vivir una vida digna del Señor Jesús y agradarle en todos los sentidos."

ESCUCHA AL ESPÍRITU

Estudie Colosenses 1.

Hijos de Dios

Juan 1:12

"Mas a cuantos lo recibieron, a los que creen en su nombre, les dio el derecho de ser hijos de Dios."

Romanos 8:14

"Porque todos los que son guiados por el Espíritu de Dios son hijos de Dios."

A menudo escuchamos a los incrédulos decir: "todos somos hijos de Dios." Eso no es verdad. De hecho, es un gran engaño del enemigo. Todos somos "creados" por Dios, pero no todos somos "hijos" de Dios.

Antes de venir a Cristo, era hijo de mi padre, el diablo (ver Juan 8:44), y solo hacía sus obras. Como un esclavo, fui guiado por el mundo, la carne y el diablo.

En prisión, cuando finalmente cedí al implacable y abrumador amor de Dios en Cristo Jesús, mi Salvador, me convertí en un hijo del Único Dios Verdadero. Recibí a Jesús y creí en Su Nombre.

¡Ahora soy guiado por el Espíritu Santo de Dios! Debido a que fui adoptado en la familia de Dios, soy coheredero con Cristo y ahora puedo compartir con Él toda la maravillosa y abundante herencia del Padre Nuestro.

Todo esto está disponible para ti. ¿Tu crees? ¿Has recibido? ¿Eres guiado por el Espíritu Santo? ¿Eres un verdadero hijo de Dios?

HABLEMOS CON DIOS

Pon la Palabra de Dios en lo profundo de tu corazón. Confiesa esto en voz alta y repítelo a menudo hoy:

"Soy un niño de Dios. Recibo la obra de Jesús en la Cruz y en la Resurrección realizada en mi nombre. Yo confío, e invoco en Su Nombre. ¡Soy guiado por el Espíritu de Dios y sé que soy uno de los hijos de Dios! "

ESCUCHA AL ESPÍRITU

Estudie Romanos 8.

Distinguido por la Presencia

Éxodo 33: 15-16

*"O vas con todos nosotros —replicó Moisés—,
o mejor no nos hagas salir de aquí. ¹⁶Si no vienes
con nosotros, ¿cómo vamos a saber, tu pueblo
y yo, que contamos con tu favor? ¿En qué
seríamos diferentes de todos los demás
pueblos de la tierra?"*

Moisés sabía muy bien que no podía dirigir al pueblo solo. Él le pidió a Dios en Éxodo 33:13 que "me enseñe tus caminos para que pueda conocerte y continuar encontrando favor contigo." El Señor respondió en el versículo 14: "Mi presencia irá contigo y te haré descansar."

Moisés reconoció lo indefenso que estaba sin Dios. Con verdadera humildad, se sometió totalmente a Dios porque se dio cuenta de la importancia del favor de Dios y deseaba sobre todo aprender Sus caminos. La respuesta de Dios fue entregarse al mismo Moisés.

Como verdaderos seguidores de Jesús, debemos admitir que sin Él no podemos hacer nada (Juan 15:5), pero con Él todo es posible (Mateo 19:26). Dios nos ha dado Su Presencia para que permanezca con nosotros en todo momento. El Espíritu Santo es nuestro Ayudador, Maestro, Consejero, Amigo y Guía.

Para los Israelitas, la Presencia de Dios iba delante de ellos en una llama de fuego. ¡Hoy tenemos el fuego de Dios que reside en nosotros! Seguramente, el mundo ve una diferencia en aquellos que albergan bien Su Presencia. ¿Esto te distingue de los que te rodean?

HABLEMOS CON DIOS

Dios Padre, quiero aprender Tus caminos y recibir Tu favor. Espíritu Santo, por favor muéstrame cómo albergar Tu Presencia de manera efectiva todos los días. Padre, elijo buscar la dirección del Espíritu en todo lo que hago hoy. Gracias Señor. En el precioso Nombre de Jesús oro, Amén.

ESCUCHA AL ESPÍRITU

Estudie Éxodo 33; Mateo 19:26; Juan 14:25-27; Juan 15:5.

Este es el Camino

Isaías 30:19, 21

"Pueblo de Sión, que habitas en Jerusalén, ya no llorarás más. ¡El Dios de piedad se apiadará de ti cuando clames pidiendo ayuda! Tan pronto como te oiga, te responderá. [21] Ya sea que te desvíes a la derecha o a la izquierda, tus oídos percibirán a tus espaldas una voz que te dirá: «Este es el camino; síguelo»."

Isaías está escuchando a Dios y escribiendo bajo la unción del Espíritu Santo, ya que prevé el día en que todos tendrán acceso inmediato al Espíritu Santo. Quizás esté mirando hacia el día en que Jesús dijo que enviaría a sus discípulos el Consolador, el Maestro y ayudante, el Espíritu Santo:

"Y yo le pediré al Padre, y él les dará otro Consolador para que los acompañe siempre: el Espíritu de verdad, a quien el mundo no puede aceptar porque no lo ve ni lo conoce. Pero ustedes sí lo conocen, porque vive con ustedes y estará en ustedes." (Juan 14:16-17)

Una vez que el Espíritu Santo viene a vivir en nosotros como creyentes, obtuvimos acceso permanente a Aquel que quiere guiarnos todos los días. Romanos 8:14; *"Porque los que son guiados por el Espíritu de Dios, son hijos de Dios."* Creo que esta es la voz de la que Isaías estaba profetizando en el versículo 21 anterior: la voz del Espíritu Santo.

La suya es la voz suave y apacible, o el susurro suave que Elías escuchó en 1 Reyes 19:12, como el Señor le instruyó. Para mí, Él habla en voz baja desde la mitad de mi espíritu. Hago todo lo posible por escucharlo y obedecerlo.

Este es el camino, camina en él.

HABLEMOS CON DIOS

Padre Celestial, el deseo de mi corazón es escuchar mejor la voz de Tu Espíritu Santo dirigiendo mi vida todos los días. Enséñame tus caminos. Quiero caminar en ellos. En el poderoso Nombre de Jesús oro, Amén.

ESCUCHA AL ESPÍRITU

Estudie Isaías 30; Juan 14:16-17; Romanos 8:14;
1 Reyes 19:11-13.

Puedes Tener "Lo Real"

"Lo Real" no tiene nada que ver con "religión." Más bien, es una relación personal íntima con nuestro Padre Celestial, debido a la obra terminada de Jesús en la Cruz. El Espíritu Santo viene y nos sella como Suyos, y comienza una obra continua en nosotros para conformarnos a la imagen de Cristo Jesús.

Puede comenzar esta vida abundante y emocionante hoy. Continuará por toda la eternidad.

Primero, reconozca y confiese que ha pecado contra Dios.

En segundo lugar, renuncia a tus pecados, determina que no vas a volver a ellos. Apártate del pecado. Vuélvete a Dios.

Tercero, por fe recibe a Cristo en tu corazón. Entregue su vida completamente a Él. El vendrá a vivir en tu corazón por el Espíritu Santo.

Puedes hacer esto ahora mismo.

Empiece simplemente hablando con Dios. Puedes rezar una oración como esta:

"Oh Dios, soy un pecador. Lamento mi pecado. Quiero apartarme de mi pecado. Por favor perdoname. Creo que

Jesucristo es Tu Hijo; Creo que murió en la Cruz por mi pecado y Tú lo resucitaste. Quiero confiar en Él como mi Salvador y seguirlo como mi Señor desde este día en adelante, para siempre. Señor Jesús, en Ti confío y te entrego mi vida. Por favor, ven a mi vida y lléname de tu Espíritu Santo. En el nombre de Jesus. Amén."

Si acaba de decir esta oración, y lo dijo en serio con todo su corazón, creemos que acaba de ser salvo y ahora ha nacido de nuevo en Cristo Jesús como una persona totalmente nueva.

"Por tanto, si alguno está en Cristo, nueva criatura es; ¡Lo viejo se ha ido, ha llegado lo nuevo!" (II Corintios 5:17)

¡Le instamos a que vaya "con todo por el Todo en Todo"! (Pastor Mark Batterson, Todo incluido)

Le sugerimos que siga al Señor en el bautismo en agua lo antes posible. El bautismo en agua es un símbolo externo del cambio interno que sigue a su salvación y renacimiento.

La gracia de Dios mismo te da el deseo y la capacidad de rendirte completamente a la obra del Espíritu Santo en ti y a través de ti (Filipenses 2:13).

El bautismo en el Espíritu Santo es su empoderamiento para ti.

Puedes Recibir el Bautismo en el Espíritu Santo

El bautismo en el Espíritu Santo es una experiencia separada y un privilegio santo otorgado a quienes lo piden. Este es el propio poder de Dios para permitirle vivir una vida abundante y vencedora. La Biblia dice que es el mismo poder que levantó a Jesús de entre los muertos (Romanos 1: 4 8:11; ll Cor. 4:13-14; 1 Pedro 3:18).

¿Le has pedido al Padre que Jesús te bautice (te sumerja) en el Espíritu Santo (Lucas 3:16)? Si le pides al Padre, Él te lo dará (Lucas 11:13). ¿Ha permitido que los "ríos de agua viva" fluyan desde su interior (Juan 7:38-39)? Nuestro Padre desea que caminemos en toda Su plenitud por Su Espíritu Santo.

El poder de testificar y vivir tu vida como lo hizo Jesús en una relación íntima con el Padre, proviene de pedirle a Jesús que te bautice en el Espíritu Santo. Para recibir este bautismo, ore de esta manera:

Abba Padre y mi Señor Jesús,

Gracias por darme tu Espíritu para vivir dentro de mí. Soy salvo por gracia mediante la fe en Jesús. Te pido ahora que me bautices en el Espíritu Santo con Tu fuego y poder. Lo recibo completamente a través de la fe, al igual que lo hice con mi salvación. ¡Ahora, Espíritu Santo, ven y levántate dentro de mí mientras alabo a Dios! ¡Lléname Jesús! Espero plenamente recibir mi lenguaje de oración a medida que me pronuncies. En el nombre de Jesus. Amén.

Ahora, en voz alta, comience a alabar y glorificar a JESÚS, ¡porque Él es el bautizador del Espíritu Santo! Desde lo profundo de su espíritu, dígale: "Te amo, te doy gracias, te alabo A ti, Jesús."

Repite esto mientras sientes que la alegría y el agradecimiento brotan de lo más profundo de ti. Diga las palabras y sílabas que reciba, no en su propio idioma, sino en el idioma celestial que le dio el Espíritu Santo. Permite que esta alegría brote de ti en sílabas de un idioma que tu propia mente no conoce. Ese será su lenguaje de oración que el Espíritu usará a través de usted cuando no sepa cómo orar (Romanos 8:26-28). No es el "don de lenguas" para uso público, por lo tanto, no requiere una interpretación pública.

Tienes que rendirte y usar tus propias cuerdas vocales para expresar verbalmente tu nuevo lenguaje de oración. El Espíritu Santo es un caballero. No te obligará a hablar. No se preocupe por cómo suena. ¡Es un idioma celestial!

¡Adóralo! ¡Alabado sea! ¡Use su idioma celestial orando en el Espíritu todos los días! Pablo nos insta a «orar en el Espíritu en toda ocasión con todo tipo de oraciones y peticiones." (Efesios 6:18)

Contáctenos

Nos encantaría escuchar sus comentarios o responder sus preguntas.

- Nos gustaría saber especialmente si tomó la decisión de recibir a Jesús en su corazón y rezó la oración de salvación en las páginas 231-232. O tal vez había hecho una oración similar antes, pero esta es la primera vez que realmente lo dijo de corazón. Cuéntanos tu decisión.

- Quizás tomaste la decisión de volver a dedicar tu vida a Cristo, ¡ir "con todo" por Jesús! Si es así, nos gustaría saberlo para poder animarte. Por favor escríbanos.

- Si hizo la oración para pedirle a Jesús que lo bautice en el Espíritu Santo, por favor díganos.

Como ayuda y estímulo adicional, nos gustaría enseñarle más sobre cómo seguir a Jesús, cómo ser un verdadero discípulo. Un discípulo es un "aprendiz disciplinado" y queremos compartir muchas verdades con usted sobre cómo, tener una relación íntima con Dios el Padre, por medio del Espíritu Santo. Jesús vino a reconciliarnos con el Padre. Queremos ayudarlo a desarrollar una relación significativa con él.

Por favor, pídanos que lo incluyamos en nuestro Programa de Discipulado mediante el cual recibirá una enseñanza alentadora cada dos meses aproximadamente. Este no es el tipo de lección que debe completar y enviarnos. Solo debe desear ser animado regularmente en el Señor y estar dispuesto a estudiar los materiales con espíritu de oración. Eso es todo.

Envíe sus comentarios, y preguntas a:

Freedom in Jesus Prison Ministries

Attn: Stephen—100

P.O. Box 939

Levelland, TX 79336

Pídale a sus seres queridos que visiten el sitio web de nuestro ministerio: *www.fijm.org*

Pedimos que seas bendecido abundantemente por nuestro Padre todos los días, en todos los sentidos, en Cristo Jesús mientras lo buscas todos los días y por el Espíritu Santo.

¡¡Te Reto!!

Dios puede transformar tu vida de la misma manera que hizo la mía.

Pero debes entender que Él recompensa a aquellos que lo buscan diligente y fervientemente (Hebreos 11:6); y que eres transformado renovando tu mente al aplicar los principios de Su Palabra en tu vida diaria (Romanos 12:1-2).

Te desafío a que:

- Empiece cada día con la Palabra y el Espíritu. Pídale al Espíritu Santo que le ayude aplicar Su Verdad a su vida. Concéntrese en el pasaje de las Escrituras con atención. Deje que el Espíritu use la Palabra para transformarlo.

- Busque todas las referencias de las Escrituras en este libro. Marque los versículos en su propia Biblia. Memoriza los que más te importan.

- Estudie los principios bíblicos de este libro en grupos pequeños. Compartir conceptos de la Palabra con otros le ayuda a aprender y aplicarlos a su vida.

- Comparta su propio testimonio con otros. Te "superas" cuando te testificas personalmente a ti mismo y a otros lo que la Sangre de Jesús ha hecho en su propia vida (vea Apocalipsis 12:11).

- Muestre este libro a otras personas. Como embajador de Cristo (ver II Corintios 5:18-20), por favor use este libro como una herramienta para alcanzar a los perdidos y animar al Cuerpo de Creyentes. Después de compartirlo con ellos, anímelos a que se pongan en contacto conmigo para solicitar su propia copia del libro para que puedan estudiarlo y prestarlo a otras personas. Cada persona que quiera uno debe escribirme individualmente porque solo puedo enviar un libro a cada persona.

- Ore diariamente por mí y por nuestro ministerio. Necesitamos sus oraciones. En su primera oportunidad, comience un programa de donaciones regulares para que podamos ministrar mejor a otros que quieren ser libres de toda forma de esclavitud.

Información para
Mayor Estudio
y Aplicación

Oraciones de Sumisión

Oración Diaria de Entrega y Sumisión

Padre Dios, humildemente me rindo y me someto completamente a Ti y a tu liderazgo por Tu Espíritu Santo.

Señor, por favor perdóname por mis pecados intencionales. Ayúdame a perdonar libre y completamente a los demás como tú me perdonas a mí.

Padre, me someto voluntaria y completamente a tu Mano como El Alfarero. Conviérteme en la persona que quieres que sea para el plan que tienes para mí en tu perfecta voluntad. Mientras lo haces, configúrame a la imagen de Jesús por la obra santificadora de tu Espíritu Santo.

Padre, por tu gracia ayúdame a ser siempre un heredero agradecido y humilde de todas tus promesas; un siervo obediente y fiel de todos tus mandamientos; un testimonio persistente y valiente de tu salvación a través de Jesús; y un niño amoroso y confiado lleno de Tu amor. Me rindo al liderazgo de Tu Santo Espíritu.

Permíteme ser paciente y perseverante en la oración, siempre atento y atento a las oportunidades de bendecir a otros como Tú me has bendecido a mí. Padre, dame poder con tu gracia, a través del Espíritu de Jesús en mí, para buscarte diligentemente a ti y a tu reino eterno, para que no me distraiga y sea superado por las tentaciones y placeres temporales de este mundo extraño. En todo lo que pienso, digo y hago hoy, Padre, permíteme glorificarte y honrarte continuamente.

Te amo Jesus. Te alabo y te adoro por amarme primero. Gracias por ser hecho pecado por mí para que yo sea hecho justo en ti. Por favor ama y bendice a los demás a través de mí hoy. Mientras que busco conocer y hacer Tu perfecta voluntad para mi vida. Quiero ser guiado hoy por Tu Santo Espíritu en mí.

En el poder de la sangre de Jesús y la autoridad de Su Nombre, oro. Amén.

Oración de Obediencia Sumisa en un Area Particular

Padre, eres digno de toda alabanza, honor y gloria. Yo te adoro. Alabo tu santo nombre.

Señor, has sido tan paciente conmigo y te doy gracias. También reconozco Tu voz suave y apacible, hablándome sobre un área de mi vida que necesita resolución. Me has estado recordando mi necesidad de avanzar en esta área determinada, y te confieso que aún no te he obedecido. Por favor, perdóname por mis dudas.

Hoy declaro que daré el paso de fe de que me has hablado. Señor, con respecto a este paso que he dudado en dar, dejo de lado toda mi desgana ahora y te prometo que te obedeceré.

Y Señor, en esos asuntos en los que he estado haciendo lo que Tú preferirías que no hiciera, los dejo a un lado para poder hacer espacio para hacer lo que Tú quieres que haga. Esta es la forma en que elijo caminar contigo a partir de ahora.

Dejando a un lado mi vacilación y terquedad, doy un paso valiente, escogiéndote a Ti y a Tus propósitos para mi vida. Declaro que te seguiré en obediencia.

¡Gracias Señor! En el nombre de Jesús oro. Amén.

Nota: La oración anterior fue tomada de una enseñanza de Derek Prince. *www.derekprince.org*

Confesiones para Todos los Días

Amado en Cristo: Edifique su fe y reclame las promesas de Dios para usted mismo leyendo estas confesiones de la Palabra de Dios en voz alta (con atención y oración, con convicción) todos los días. ¡Sigue haciéndolo hasta que sean tus pensamientos para que puedas usar la Palabra contra Satanás para "llevar cautivo todo pensamiento" cuando ataca tu mente! "Confesar" es decir lo mismo que Dios, para que a medida que la Palabra transforme tu mente, ¡Sus pensamientos se conviertan en tus pensamientos! Confiesa esto todos los días a lo menos una vez; lo mejor es temprano en la mañana para estar "armado y ser peligroso" cuando Satanás ataque durante el día. Antes de acostarse también es bueno para que esté protegido mientras descansa.

- No soy solo un hombre/mujer común. Soy un hijo del Dios viviente.

- No soy solo una persona; Soy heredero de Dios y coheredero con Jesucristo. No soy "solo un pecador viejo," yo soy una nueva creación en Jesús, mi Señor. Soy parte de una generación elegida, un sacerdocio real, una nación santa. Yo soy del pueblo de Dios. Soy su. ¡Soy un testigo vivo de su gracia, misericordia y amor!

- ¡He sido crucificado con Cristo y ya no vivo, pero Cristo vive en mí! La vida que vivo en el cuerpo, la vivo por la fe del Hijo de Dios, quien me amó y se entregó a sí mismo por mí. Cuando el diablo intente resucitar al "anciano," lo reprenderé y le recordaré severamente que soy consciente de sus trucos, señuelos, mentiras y engaños. El "anciano" está muerto. Mi "nuevo hombre" sabe que todas las cosas viejas pasaron, ¡todas son nuevas!

- No me siento culpable ni condenado. Rechazo el desánimo, porque no es de Dios. Dios es el Dios de todo ánimo. Por tanto, ahora no hay condenación para los que están en Cristo Jesús. Satanás es un mentiroso. No escucharé sus acusaciones.

- Ciño los lomos de mi mente. Estoy limpiado en la Sangre. Ningún arma forjada contra mí prosperará, y condenaré toda lengua que se levante contra mí en juicio. Soy aceptado en el amado. Si Dios es por mí, ¿quién contra mí?

- Mi mente está siendo renovada por la Palabra de Dios. Derribo fortalezas; Arrojo la imaginación; Llevo cautivo todo pensamiento a la obediencia de Cristo.

- Como el Padre ama a Jesús, Jesús me ama a mí. Soy la justicia de Dios en Cristo. No soy esclavo del pecado; Soy esclavo de Dios y esclavo de la justicia. Continúo en Su Palabra; Sé la verdad y la practico, entonces la verdad me libera.

- Porque el Hijo me libera, soy verdaderamente libre. El que es nacido de Dios me guarda, por tanto, el maligno no me toca. Me liberé del reino de las tinieblas. Ahora soy parte del Reino de la Luz, el Reino de Dios. Ya no sirvo al pecado. El pecado no tiene dominio sobre mí.

- No creeré las mentiras del enemigo. No me intimidará. Es un mentiroso y el padre de la mentira. Satanás está derrotado. Con este propósito, el Hijo de Dios vino a este mundo para destruir las obras del diablo. Ya no me oprimirá. Sin duda, la opresión enloquece al sabio. Me enojaré con el diablo. Lo derroto por la Sangre del Cordero, por la palabra de mi testimonio de lo que ha hecho por mí, sin amar mi vida, ni siquiera hasta la muerte.

- Me someteré a Dios. Resistiré al diablo y él huirá. No me sobrevendrá ninguna tentación que no sea común al hombre. Dios es fiel y veraz; No permitirá que sea tentado más allá de mis fuerzas, pero con la tentación también proporcionará la vía de escape (Jesús) que podré soportar.

- Me mantendré firme en la libertad con la que Cristo me ha hecho libre. Donde está el Espíritu del Señor, hay libertad, no libertad para hacer lo que "quiero," sino libertad para hacer lo que "debo." La ley del Espíritu de vida en Cristo Jesús me ha librado de la ley del pecado y de la muerte.

- Nada puede separarme del amor de Dios que es en Cristo Jesús, mi Señor. ¡Su Espíritu Santo es mi guía, consolador, maestro y mejor amigo! Jesús es mi Protector, mi Libertador, mi Recompensador, mi Refugio, mi Torre Fuerte, mi Pastor, mi Luz, mi Vida, mi Consejero, mi Roca, mi Libertad! ¡El es todo para mi!

- Cristo me hace triunfar. Reinaré como un rey en vida por medio de Cristo Jesús. Como hombre/mujer joven soy fuerte. La Palabra de Dios permanece en mí, y he vencido al maligno. Soy más que un vencedor por Cristo que me ama. Soy un vencedor. Soy invencible. Puedo hacer todas las cosas en Cristo que me fortalece. ¡Gracias a Dios que me da la victoria a través de Jesucristo, mi Señor!

Confesiones de Sabiduría y Orientación

- El Espíritu de la verdad habita en mí y me enseña todas las cosas, y me guía a todas las verdades. Por lo tanto, confieso que tengo un conocimiento perfecto de cada situación y circunstancia con la que me enfrento, porque tengo la sabiduría de Dios. (Juan 16:13; Santiago 1:5)

- Confío en el Señor con todo mi corazón y no me apoyo ni confío en mi propio entendimiento. En todos mis caminos lo reconozco y Él dirige mi camino. (Proverbios 3: 5-6)
- El Señor perfeccionará lo que me concierne y cumplirá Su propósito para mí. (Salmo 138: 8)
- Dejo que la Palabra de Cristo more en mí ricamente en toda sabiduría. (Colosenses 3:16)
- Sigo al Buen Pastor y conozco Su voz. No seguiré la voz de un extraño. (Juan 10:4-5)
- Jesús se me ha hecho sabiduría, justicia, santificación y redención. Por tanto, confieso que tengo la sabiduría de Dios y soy la justicia de Dios en Cristo Jesús. (I Corintios 1:30; II Corintios 5:21)
- Estoy lleno del conocimiento de la voluntad del Señor con toda sabiduría y entendimiento espiritual. (Colosenses 1:9)
- Soy una nueva creación en Cristo. Soy su hechura creada en Cristo Jesús. Por lo tanto, tengo la mente

de Cristo y la sabiduría de Dios se forma dentro de mí. (ll Corintios. 5:17; Efesios 2:10; l Corintios. 2:16)

- Recibo el Espíritu de sabiduría y revelación en el conocimiento de Él, los ojos de mi entendimiento son iluminados. No me amoldo a este mundo pero soy transformado por la renovación de mi mente. Mi mente es renovada por la Palabra de Dios. (Efesios 1:17-18; Romanos 12:2)

Yo Soy...

- Estoy perdonado. (Colosenses 1:13-14)
- Soy salvo por gracia mediante la fe. (Efesios 2:8)
- Soy liberado de los poderes de las tinieblas. (Colosenses 1:13)
- Soy guiado por el Espíritu de Dios. (Romanos 8:14)
- Me mantienen a salvo dondequiera que vaya. (Salmo 91:11-12)
- Estoy recibiendo todas mis necesidades cubiertas por Jesús. (Filipenses 4:19)
- Estoy echando todas mis preocupaciones sobre Jesús. (l Pedro 5:7)
- No estoy ansioso ni preocupado por nada. (Filipenses 4:6)

- Soy fuerte en el Señor y en el poder de Su fuerza. (Efesios 6:10)
- Hago todas las cosas en Cristo que me fortalece. (Filipenses 4:13)
- Estoy observando y cumpliendo los mandamientos del Señor. (Deuteronomio 28:13)
- Soy bendecido al entrar y bendecido al salir. (Deuteronomio 28:6)
- Estoy arriba solamente y no abajo. (Deuteronomio 28:13)
- Soy bendecido con todas las bendiciones espirituales. (Efesios 1:3)
- Soy curado por Sus llagas. (I Pedro 2:24)
- Soy más que un conquistador. (Romanos 8:37)
- Soy un vencedor por la Sangre del Cordero y la palabra de mi testimonio. (Apocalipsis 12:11)
- No me conmueve lo que veo. (II Corintios 4:8-9)
- Camino por fe y no por vista. (II Corintios 5:7)
- Cada día estoy venciendo al diablo. (I Juan 4:4)
- Estoy echando abajo las vanas imaginaciones. (II Corintios 10:4)
- Estoy llevando todo pensamiento a cautiverio. (II Corintios 10:5)

- No me amoldo a este mundo, pero me estoy transformando renovando mi mente. (Romanos 12:1-2)
- Bendigo al Señor en todo momento y continuamente alabo al Señor con mi boca. (Salmo 34:1)
- Soy un niño de Dios. (Romanos 8:16)

ORACIONES DIARIAS PERSONALIZADAS

Amado en Cristo: Estos pasajes de las Escrituras de Pablo, David e Isaías se han personalizado para usted. ¡Son oraciones poderosas, de hombres poderosos, al Más Poderoso! Cuando ora la Palabra de Dios de regreso a Él, Él se complace, porque nos ha dicho que lo recordáramos de Su Palabra. ¿Crees que necesita que se lo recuerden? ¿Como si se hubiera olvidado? No, somos nosotros los que necesitamos que nos lo recuerden. Reclamamos estas increíbles promesas para nosotros. Ore esto todos los días mientras el Espíritu lo guía. Serás muy bendecido al hacerlo.

En el nombre de Jesus,

Te alabo Señor desde mi alma. Desde lo más íntimo alabo tu santo nombre. Te alabo Señor desde mi alma. No olvidaré todos tus beneficios: tú perdonas todos mis pecados y sanas todas mis enfermedades. Tú redimiste mi vida de la fosa y me coronaste con tu amor y compasión. Satisfaces mis deseos con cosas buenas para que mi juventud se renueve como la de un águila. Amén. (Salmo 103:1-5)

En el nombre de Jesus,

Mientras habito al abrigo del Altísimo, descansaré a la sombra del Todopoderoso. Yo diré de ti Señor, "Tú eres mi refugio y mi fortaleza. Tú eres mi Dios y en ti confiaré." Seguramente me salvarás de la trampa del cazador y de la pestilencia mortal. Me cubrirás con tus plumas, y debajo de tus alas hallaré refugio; tu fidelidad será mi escudo y mi baluarte.

No temeré el terror de la noche, ni la flecha que vuela de día, ni la pestilencia que acecha en las tinieblas, ni la plaga que destruye al mediodía. Pueden caer mil a mi lado, diez mil a mi diestra, pero no se acercará a mí.

Observaré con mis ojos y veré el castigo de los malvados. Haré del Altísimo mi morada, el Señor es mi refugio, para que ningún mal me sobrevenga, ningún desastre se acerque a mi tienda. Dios, ordenarás a tus ángeles que me guarden en todos mis caminos; me levantarán en sus manos, para que no golpee mi pie contra una piedra. Sobre el león y la cobra pisaré; Pisotearé al gran león y a la serpiente.

Señor, dijiste que porque te amo, me rescatarás. Tú me protegerás, porque reconozco tu nombre. Te invocaré y me responderás; estarás conmigo en la angustia, me librarás y me honrarás. Con larga vida me saciarás y me mostrarás tu salvación. Amén. (Salmo 91)

En el nombre de Jesus,

Ningún arma forjada contra mí prevalecerá y refutaré toda lengua que me acuse. Esta es mi heredad como siervo del Señor, y esta es mi reivindicación de ti. Amén. (Isaías 54:17)

En el nombre de Jesus,

Sigo pidiendo que tú, Dios de mi Señor Jesucristo, mi glorioso Padre, me des el Espíritu de sabiduría y revelación para que pueda conocerte mejor. Ruego también que se iluminen los ojos de mi corazón para que pueda conocer la esperanza a la que me has llamado, las riquezas de tu gloriosa herencia en los santos y tu incomparable poder grande para nosotros los que creemos. Ese poder es como la obra de su gran fuerza, que ejerció en Cristo cuando lo levantó de entre los muertos y lo sentó a su diestra en los reinos celestiales, muy por encima de todo gobierno y autoridad, poder y dominio, y todo título que se puede dar, no sólo en la era presente, sino también en la venidera. Y usted, Dios, puso todas las cosas bajo Sus pies y lo designó para sobre todo para la iglesia, que es su cuerpo, la plenitud de Aquel que lo llena todo en todos los sentidos. Amén. (Efesios 1:17-23)

En el nombre de Jesus,

Oro para que de tus gloriosas riquezas me fortalezcas con poder a través de tu Espíritu en mi ser interior, para que Cristo more en mi corazón por medio de la fe. Y oro para que mientras estoy arraigado y establecido en el amor, pueda tener poder, junto con todos los santos, para comprender cuán amplio, largo, alto y profundo es el amor de Cristo, y que pueda conocer este amor que sobrepasa conocimiento, para que sea lleno hasta la medida de toda tu plenitud.

¡Ahora a ti, Dios, que puedes hacer inconmensurablemente más de lo que pido o imagino, de acuerdo con tu poder que obra dentro de mí, a ti sea gloria en la iglesia y en Cristo Jesús por todas las generaciones, por los siglos de los siglos! Amén. (Efesios 3:16-21)

En el nombre de Jesus,

Ésta es también mi oración: que mi amor abunde cada vez más en conocimiento y profundidad de intuición, para que pueda discernir lo que es mejor y pueda ser puro y

irreprensible hasta el día de Cristo, lleno del fruto de justicia que viene por medio de Jesucristo, para tu gloria y alabanza, Dios. Amén. (Filipenses 1:9-11)

En el nombre de Jesus,

Oro para que me llenes con el conocimiento de tu voluntad a través de toda sabiduría y entendimiento espiritual. Oro por esto para que pueda vivir una vida digna del Señor Jesús y agradarle en todo: dando fruto en toda buena obra, creciendo en el conocimiento de ti, Dios, para que pueda ser fortalecido con todo poder de acuerdo con tu glorioso poder para que tenga gran paciencia y darte gracias con gozo. Amén. (Colosenses 1:9b-11)

Índice de Materias

Índice de pasajes de las Escrituras

Notas

Notas

Notas

Notas

Notas

Notas

¡STEPHEN CANUP

Y

FREEDOM IN JESUS PRISON MINISTRIES

RECOMIENDAN ENCARECIDAMENTE

KINGDOM TOWERS

LUBBOCK TX

COMO UN EXCELENTE LUGAR PARA COMENZAR DE NUEVO!